ARCHIVES DES LETTRES MODERNES

190

L'Éducation sentimentale

de 1869

et la poétique de l'œuvre autonome

PARIS – LETTRES MODERNES – 1980

SIGLES ET ÉDITIONS UTILISÉS

GUSTAVE FLAUBERT

Corr. *Correspondance* (nouvelle édition augmentée). Paris, Conard, 1926—1930.

ÉS *L'Éducation sentimentale*, éd. Édouard MAYNIAL. Paris, Classiques Garnier, 1964.

I Les références des *Œuvres de jeunesse* renvoient au tome premier (page, colonne) de « L'Intégrale » des *Œuvres complètes*. Paris, Seuil, 1964.

Cette étude a pour objet *L'Éducation sentimentale* de 1869, sauf indication contraire toutes les références se rapportent à cette version.

Toute citation formellement textuelle se présente soit hors texte, en petit caractère romain, soit dans le corps du texte en *italique* entre guillemets, les soulignés du texte d'origine étant rendus par l'alternance romain/italique ; mais seuls les mots en PETITES CAPITALES y sont soulignés par l'auteur de l'étude (le signe * devant un fragment attestant les petites capitales ou l'italique de l'édition de référence).

À l'intérieur d'un même paragraphe les séries continues de références à un même texte sont allégées du sigle initial commun et réduites à la seule pagination ; par ailleurs les références consécutives à une même page ne sont pas répétées à l'intérieur de ce paragraphe.

IMPRIMÉ EN FRANCE
ISBN 2-256-90382-6 T

INTRODUCTION

D ANS une longue introduction à son édition de *L'Éducation sentimentale* [1], René Dumesnil a recueilli d'intéressants documents témoignant de l'hostilité avec laquelle la version définitive de ce roman fut reçue de la part de la critique lors de sa publication sous forme de livre. Quelques esprits amis seulement, dont George Sand, Théodore de Banville, Émile Zola prirent sa défense. Il ne s'agit pas de reprendre ici tous les arguments de 1869 pour et contre le roman, mais il sera utile de jeter un coup d'œil rapide sur la discussion qui s'est prolongée et a continué jusqu'à nos jours.

Les critiques négatives ne manquent pas — que ce soit Ferdinand Brunetière constatant que *L'Éducation sentimentale* est d'une lecture insupportable (p. 164 [2]) ou Henry James parlant, indirectement, d'un échec [3] — elles semblent, au contraire, constituer une véritable tradition. Ces jugements défavorables découlent d'une comparaison plus ou moins implicite de ce roman avec *Madame Bovary*. Dans cette juxtaposition critique, *L'Histoire d'un jeune homme* apparaît facilement comme un récit exempt d'unité de composition (p. 195 [2]) et même manquant de composition tout court (p. 123 [4]), ou bien comme un texte dégageant une impression d'ennui, de lenteur et de frustration. Il n'y a pas de doute, sa première lecture est presque toujours une expérience pénible, voire déprimante (p. 121 [5]), cependant, nombreux sont ceux qui, ayant relu le roman, y ont découvert des qualités qui le rendent supérieur à bien d'autres œuvres narratives. Ce n'est pas que la deuxième lecture efface les aspects négatifs du héros et de ses mésaventures, mais le lecteur critique les dissocie de la question de savoir si le roman est une réussite en tant que texte littéraire. Une narration n'échoue pas par le simple fait qu'elle relate un échec, elle peut, au contraire, mériter nos applaudissements tout en rapportant les déconvenues d'une expérience décevante. Pour plusieurs critiques cela semble être le cas de *L'Éducation sentimentale*. Le Georges Lukács de *La Théorie du roman*, après avoir constaté l'inconsistance de la vie de Frédéric Moreau, estime que ce livre, « *le plus typique de son siècle en ce qui concerne la problématique du roman, est le seul qui, avec son contenu désolant que rien ne vient édulcorer, ait atteint la véritable objectivité épique et, grâce à elle, la positivité et la force affirmatrice d'une forme parfaitement accomplie* » (pp. 123-4 [4]). Charles Du Bos reprend la même idée en d'autres termes quand il parle, dans son article « Sur le "milieu intérieur" chez Flaubert » (p. 162 [6]) de l'intensité de l'état négatif. Pour lui l'art de Flaubert atteint son apogée dans cette intensité du texte agissant sur le lecteur, qualité éminemment positive de l'œuvre romanesque, qu'il n'hésite pas à voir le mieux réalisée dans le roman de 1869 : « *Le chef-d'œuvre de Flaubert, à mon sens* [...] *c'est* L'Éducation sentimentale. *Livre dont la première lecture est par définition non avenue ; mais une fois qu'on a commencé à subir son action, on n'a jamais fini de l'éprouver.* » (p. 177 [6]). Malgré ces éloges, ne nous abusons pas ; toute lecture de *L'Éducation sentimentale* confirmera l'adjectif que Flaubert a employé lui-même dans ses lettres en parlant de son « *lourd roman* » (*Corr.*,5, pp. 237 et 358). C'est en fait une narration qui, plus que toute autre, exerce une espèce de contrainte anonyme sur quiconque entre dans son univers clos. Cette impression négative de la part du lecteur est d'autant plus difficile à éviter qu'elle se refuse à une prompte explication. C'est ainsi que le roman engendre ce sentiment de la fatalité que Guy Michaud considère être chez Flaubert « *le point de vue central à partir duquel toute l'œuvre s'éclairera et prendra son sens* » [7].

« *L'auteur, dans son œuvre, doit être comme Dieu dans l'univers, présent partout, et visible nulle part.* » (*Corr.*,3, pp. 61-2). Ce dogme esthétique, formulé par Flaubert en 1852, me semble parfaitement résumer la gageure littéraire de *L'Éducation sentimentale*. Elle porte sur le rapport entre l'auteur et son œuvre et, plus particulièrement, sur la manifestation de ce rapport dans l'œuvre. Or l'idéal du Flaubert des grands romans c'est de supprimer cette manifestation, ou de la réaliser sous le signe négatif de l'invisibilité : créer et rester omniprésent dans sa propre création, mais sans représenter l'acte de création ni se révéler comme cause créatrice. Si, auteur d'un texte qu'il reconnaît comme sien, il entend renoncer ainsi à y déclarer sa causalité externe, il aspire à donner un statut d'indépendance à son œuvre et opte donc au moins pour un semblant d'autonomie dont l'univers fictif serait à douer.

La mise en œuvre de cette esthétique est-elle possible ? Quelles sont ses répercussions sur le réseau des relations internes du roman ? Ces questions, tout en esquissant le cadre général de cet essai critique, nous ramènent à la réalité du texte. Notre analyse de *L'Éducation sentimentale* s'inscrit dans le champ textuel délimité par les deux pôles marqués d'un côté par l'expérience du lecteur et de l'autre par la théorie de l'auteur, pôles entre lesquels il s'agira de tracer les lignes de forces cachées traversant le roman. Tout en restant des instances extérieures au texte, le sentiment de la fatalité et le dogme de l'invisibilité trouvent leur lieu de rencontre dans le texte ; c'est au critique littéraire qu'incombe la tâche de mettre au jour leurs interrelations.

Cet examen ne se veut pas exhaustif, néanmoins, en vue de faire ressortir la convergence des différents niveaux textuels, il s'étendra sélectivement à plusieurs aspects du roman. Aussi tiendrons-nous compte de questions techniques, thématiques et stylistiques de la narration. Si notre attention critique privilégie certains passages, leur choix devra découler de notre projet de connaître et de décrire les principes générateurs du climat fatal ou, plus généralement, la spécificité de l'œuvre qui dérobe ses attaches extérieures. Et leur analyse devra aboutir aux éléments d'une poétique de l'œuvre autonome et à la problématique de sa réalisation.

I

LA CAUSE DÉROBÉE

E N 1965 un groupe de critiques a entrepris la tentative
intéressante de fonder une poétique du roman sur l'analyse des débuts de roman [8]. Si le livre qui en est sorti
peut décevoir qui s'attend à une synthèse théorique des problèmes soulevés par l'étude de ce genre littéraire, il est d'autant plus convaincant par les analyses textuelles qu'il contient.
Il montre en tout cas que tout romancier doit prendre certaines décisions dès les premières lignes de son ouvrage et
que, par conséquent, les premières phrases ou pages en disent
plus long sur l'ensemble du roman que le lecteur inaverti ne
le penserait. *L'Éducation sentimentale* ne fait pas exception
à ce sujet : « *Le 15 septembre 1840, vers six heures du matin,
la Ville-de-Montereau, près de partir, fumait à gros tourbillons
devant le quai Saint-Bernard.* » (*ÉS*,1). Ce début de roman
s'insère dans la tradition dite réaliste ; à part sa concision, il
ne présente rien de surprenant à l'époque de Flaubert. Dès
cette première phrase l'univers fictif s'établit sur des indi-
cations de temps et de lieu apparemment vérifiables qui, grâce
à leur précision (la date, l'heure, les noms), semblent prévenir
tous les doutes quant à leur objectivité. Le roman se constitue
ainsi comme une vérité objective que rien n'affirme ni ne
garantit sinon son propre point de départ spatio-temporel.
À partir de ce 15 septembre 1840, donnée initiale sur l'axe
historique, et à partir du quai Saint-Bernard, donnée initiale

sur l'axe géographique, se construit le système de coordonnées où s'inscriront par la suite les épisodes de l'intrigue.

Ainsi la matière du roman semble se tenir d'elle-même, puisqu'elle ne contient aucun renvoi explicite à l'activité organisatrice du narrateur, aucun indice non plus de l'activité créatrice de l'auteur. À peine l'œuvre fictive s'ouvre-t-elle, qu'elle s'affirme d'une existence autonome. C'est exactement le contraire de *Jacques le fataliste*, où la voix qui entame le texte narratif, indifférente à toute identification référentielle, met aussitôt en œuvre la fonction de l'auteur-narrateur [9] : « *Comment s'étaient-ils rencontrés ? Par hasard, comme tout le monde. Comment s'appelaient-ils ? Que vous importe ? D'où venaient-ils ? Du lieu le plus prochain. Où allaient-ils ? Est-ce que l'on sait où l'on va ? que disaient-ils ? Le Maître ne disait rien ; et Jacques disait que son capitaine disait que tout ce qui nous arrive de bien et de mal ici-bas était écrit là-haut.* » Ce jeu de questions et de réponses — attribuable ni à Jacques ni à son maître — nous informe sans ambages que les deux personnages principaux et leur histoire vont être présentés, si ce n'est inventés, par une voix qui s'intercale entre le lecteur et la matière relatée. Le conflit fondamental entre l'autonomie de la matière et l'autonomie de l'auteur-narrateur [10] se résout d'emblée en faveur de celui-ci : par le pouvoir de la parole il pourra influencer, varier, changer, même supprimer des parties ou l'ensemble du récit. Tout dépend de sa présence explicitement créatrice et organisatrice dans *Jacques le fataliste*, tandis que dans la première phrase de *L'Éducation sentimentale* sa voix est absente, c'est-à-dire aucune « *appropriation de son propre discours par son locuteur* » ne se fait, ce qui ne permet pas de distinguer un sujet de l'énonciation à côté du sujet de l'énoncé [11]. L'énonciation ou la présence de l'auteur dans son discours ne constitue pas par elle-même un deuxième niveau de fiction par rapport à celui de l'énoncé, de sorte que la réalité fictive s'affirme toute seule. Cependant, comme la date exacte et les noms fondent aussitôt une vraisemblance documentaire, rien ne trahit le caractère fictif de cette réalité.

Dans le roman de Flaubert ce qui est raconté, ou plutôt écrit, ne renvoie pas explicitement à ce qui « était écrit là-haut », et par là à l'énonciation écrite qui désignerait l'auteur de l'univers fictif. L'auteur s'est effacé, aussi prétend-il ne plus intervenir dans sa création après l'acte créateur. Par la phrase initiale le romancier a donc conclu un pacte tacite de non-intervention avec son lecteur qui en conçoit une attente précise pour la suite :

Des gens arrivaient hors d'haleine ; des barriques, des câbles, des corbeilles de linge gênaient la circulation ; les matelots ne répondaient à personne ; on se heurtait ; les colis montaient entre les deux tambours, et le tapage s'absorbait dans le bruissement de la vapeur, qui, s'échappant par des plaques de tôle, enveloppait tout d'une nuée blanchâtre, tandis que la cloche, à l'avant, tintait sans discontinuer. (*ÉS*,1)

Après la constatation neutre et distante de la première phrase, nous voici jetés en pleine mêlée par cette description dynamique qui amalgame personnes et objets, perceptions visuelles et auditives dans une scène agitée, apparemment sans aucun principe d'ordre. Incapables de démêler quoi que ce soit, nous pouvons résumer notre première impression par un « cela bouge », indiquant par cette formulation impersonnelle le caractère à la fois chaotique et déconcertant de la première prise de contact avec l'univers du roman.

Notre logique ne doit pas faire de grands efforts pour ramener tous les éléments constituant ce grouillement au départ imminent du bateau en assignant ainsi une cause commune à tous les phénomènes décrits, et en satisfaisant de notre part un besoin spontané de les expliquer. Pourtant —

comme le signale Marcel Proust dans son étude *À propos du style de Flaubert* — « *dans l'impression première que nous recevons cette cause n'est pas impliquée* » (p. 196 [12]). Il sera donc intéressant de s'arrêter un moment sur cette impression première, afin d'examiner la façon dont elle se produit. « *Des gens arrivaient* » — qui sont-ils ? d'où viennent-ils ? [13] a-t-on aussitôt envie de demander. Des objets gênent la circulation — qui les a placés là, et pourquoi ? Les matelots ne répondent à personne — pourquoi pas ? Les colis montaient entre les deux tambours — qui les fait monter ? L'analyse de cette dernière phrase nous révélera le procédé commun à tous les éléments de cette description. En ne retenant que le mouvement des colis qui montent, Flaubert décrit un phénomène sans l'expliquer. Il constate une action — et, comme il est auteur, il la crée — mais il limite sa propre perspective à celle du regard immédiat et nous communique ainsi une perception privée de toute compréhension analytique.

Pour mieux comprendre la particularité de cette attitude narrative, on serait tenté, sur le plan stylistique, de parler d'un procédé métonymique [14], surtout là où Flaubert donne l'effet ou les indices perceptibles et, par le même geste, soustrait sa cause à notre connaissance. Cependant cette vision immédiate et non-analytique, dont il se sert systématiquement dans *L'Éducation sentimentale*, ne relève pas vraiment du domaine de la métonymie, parce que, n'étant pas identifiée, la cause des phénomènes décrits n'est pas non plus visée. Sans être l'objet d'un langage figuratif, elle n'apparaît pas dans le champ visuel et reste simplement invisible, exactement dans la même mesure où l'auteur ne se manifeste pas explicitement comme sujet d'énonciation dans son discours narratif.

D'une manière constante Flaubert supprime l'expression des causes dans ce début de roman ; lecteurs, nous enregistrons exclusivement des effets, comme des mouvements ou des bruits, sans en connaître les ressorts cachés. Dans la construction de ses phrases, il évite souvent le sujet qui révèle la source d'énergie d'une action, ou bien, quand il garde un sujet indiquant la cause, il le choisit de préférence impersonnel, surtout dans les descriptions de fond : « *Des gens arrivaient* », « *on se heurtait* », et plus tard sur le bateau : « *Beaucoup chantaient. On était gai. Il se versait des petits verres* » (*ÉS*,2). Les sujets dans ces exemples marquent une dépersonnalisation progressive, de l'expression collective « *des gens* » jusqu'au « *il* » impersonnel dont la fréquence est une caractéristique du style flaubertien.

Le lecteur qui, par exemple dans les romans de Balzac, aurait contracté l'habitude de s'attendre au début à de longues descriptions détaillées et justificatives, commence par être déçu. Nous apprenons extrêmement peu au sujet du bateau sur lequel le protagoniste va s'embarquer, ce premier véhicule dont le départ coïncide avec celui du récit et qui, par une analogie évidente, marque donc le commencement du mouvement narratif et l'entrée dans l'univers fictif. Le texte ne nous permet de discerner que des indices suggérant la présence d'une grande machine qui est sur le point de se mettre en marche. La machine elle-même, son fonctionnement, sa source d'énergie nous restent dérobés. Cette élimination de la cause active est rendue visible en même temps que plausible sur le plan thématique par le brouillard et la vapeur enveloppant toute cette scène initiale.

« *Enfin le navire partit* » — nous nous embarquons dans ce roman en obéissant à une force invisible, ayant comme seuls points de repère la date, le lieu et le nom du bateau. Le lecteur est pris, dès les premières scènes, d'un mouvement autonome qu'il perçoit sans pouvoir l'analyser d'après la question du « pourquoi ». On a tendance alors à croire ce mouvement spontané, à situer la source d'énergie dans les colis qui montent, mais, en vérité, la vraie cause se trouve obscurcie et dissimulée. C'est ainsi que le mouvement initial du roman se présente comme étant doué d'une *causa sui* ; le lecteur attribue une vie propre à l'énoncé, tandis que celui-ci n'est que le produit d'un acte d'écrire dont les traces explicites ont été savamment effacées. L'énonciation renonce à montrer sa propre activité et s'absorbe dans l'univers fictif qu'elle est en train de constituer.

À peine parti, le héros aperçoit pour la première fois celle qui va être l'incarnation de son idéal amoureux. Cette rencontre est un départ tout aussi important que celui du bateau où les deux se trouvent, elle est à l'origine de cette poursuite vaine d'un rêve d'amour qu'est le mouvement intérieur du roman. « *Ce fut comme une apparition* » (*ÉS*,4) — Frédéric est foudroyé, à tel point qu'il « *ne distingua personne dans l'éblouissement que lui envoyèrent ses yeux* ». Donc, encore une fois un premier moment décisif n'est porté à notre connaissance que par un indice, l'effet produit sur Frédéric qui est incapable de détacher les yeux de cette apparition inopinée :

Elle avait un large chapeau de paille, avec des rubans roses qui palpitaient au vent, derrière elle. Ses bandeaux noirs, contournant la pointe de ses grands sourcils, descendaient très bas et semblaient presser amoureusement l'ovale de sa figure. Sa robe de mousseline claire, tachetée de petits pois, se répandait à plis nombreux. Elle était en train de broder quelque chose ; et son nez droit, son menton, toute sa personne se découpait sur le fond de l'air bleu.   (*ÉS*,4-5)

Le lecteur assidu de romans s'attendrait à voir le regard de Frédéric s'arrêter aussitôt sur le visage de Madame Arnoux. Cependant, ce regard s'attarde au chapeau, descend à la robe et aux mains, mais, à l'exception d'un seul détail, ses grands sourcils, « *l'ovale de sa figure* » reste vide et inexploré. Encore une cause qui se fait mystère, puisqu'une longue tradition littéraire établissait avant Flaubert que l'inspiration amoureuse provenait du visage aimé. Or, ce premier portrait de Madame Arnoux demeure incomplet quant à l'essentiel, nous ne connaîtrons que son profil se découpant « *sur le fond de l'air bleu* », ce qui sera une de ses poses typiques dans le roman.

Voilà pour l'exposition de l'héroïne ; la situation typique du héros, par contre, est celle d'un homme embarqué, emporté, entraîné. Presque tout le premier chapitre montre Frédéric en route, d'abord sur le bateau, ensuite en voiture. Le voyage fluvial au début du roman reste unique en son genre, mais ce ne sera pas le seul voyage de Frédéric. Plusieurs autres scènes importantes se révèlent être de véritables *travellings* ; par exemple la promenade dans la forêt de Fontainebleau ou le retour de l'hippodrome. Le rôle primordial et intéressant du véhicule chez Flaubert, du point de vue à la fois de la thématique et de la technique narrative, a déjà été signalé par Jean Rousset (p. 126 [15]) et Léon Cellier (p. 11 [16]). Il convient cependant de reprendre l'analyse de cet instrument du mouvement, qui donne lieu à tant de descriptions dynamiques, pour en relever un aspect particulièrement significatif dans le contexte de cette étude. C'est que Frédéric ne produit ni ne détermine presque jamais le mouvement, il le subit. Tout déplacement apparaît comme involontaire et prend, par conséquent, un aspect passif : « *Et l'américaine l'emporta* » (*ÉS*,8) ; « *Quand il fut à sa place, dans le coupé, au fond, et que la diligence s'ébranla, emportée par les cinq chevaux détalant à la fois* [...]. » (101) ; « *Et la berline se lança vers les Champs-Élysées au milieu des autres voitures* » (208). Presque sans exception Frédéric est présenté comme le passager enlevé par le véhicule [17] dont il ne fixe pourtant ni la direction ni la vitesse. On ne le voit guère prendre des décisions au sujet de ses voyages, l'auteur nous le montre de préférence déjà parti, comme à la première page du roman. Bateau, voiture et train imposent, en l'emportant, à Frédéric un mouvement qui symbolise le flot d'événements déterminant sa vie, et qui contribue à créer le climat de fatalité propre à ce roman. C'est ainsi que, par une thématique à valeur autoréférentielle, le texte représente son statut d'œuvre autonome : les mouvements libres de toute indication de cause sont autant d'expressions d'un récit progressant sans révéler celui qui le fait progresser.

Si les véhicules dégradent souvent le héros de manière à faire de lui un objet passif, entraîné par leur énergie autonome, on s'attend à lui voir prendre l'initiative quand il s'en passe pour faire une promenade à pied. C'est surtout le lecteur des *Œuvres de jeunesse* qui conçoit cet espoir, parce que la marche y apparaît souvent comme un mouvement libre de toute contrainte, l'expression même de la liberté [18]. Tout comme les autres protagonistes flaubertiens, Frédéric fait parfois des promenades sans voiture, mais quand il parcourt les rues de Paris à pied, c'est en général à la suite d'une grande déception. C'est le désespoir qui le fait sortir de chez lui, marcher seul dans la nuit parisienne, et qui semble mystérieusement déterminer la direction de ses pas de façon à le mener au bord de la Seine, symbole suprême d'une force impersonnelle emportant des êtres sans volonté, abandonnés au jeu des flots [19] : « *Il n'avait plus conscience du milieu, de l'espace, de rien ; et, battant le sol du talon, en frappant avec sa canne les volets des boutiques, il allait toujours devant lui, au hasard, éperdu, entraîné. Un air humide l'enveloppa ; il se reconnut au bord des quais.* » (*ÉS*,50). Dans *L'Éducation sentimentale* même les promenades solitaires apparaissent donc sous le signe de la contrainte passive ; « *la marche de*

Frédéric est comme une lente dérive » (p. 307 [20]), comme l'a fait remarquer Michel Raimond en faisant ressortir ainsi le lien étroit entre le mouvement involontaire du héros et le fleuve, symbole de la fatalité. L'absence du véhicule qu'on pourrait considérer comme un instrument de la fatalité ne change rien à l'allure négative ni à la modalité passive du mouvement. Cette fatalité, dont la manifestation se déconcrétise ainsi tout en se généralisant, finit par s'avérer omniprésente et insaisissable dans le texte.

Après un des rares tête-à-tête avec Madame Arnoux, Frédéric se sent profondément accablé par un refus indirect de la part de son idole :

> Cette manière de lui faire comprendre l'inanité de son espoir l'écrasait. Il se sentait perdu comme un homme tombé au fond d'un abîme, qui sait qu'on ne le secourra pas et qu'il doit mourir.
> Il marchait cependant, mais sans rien voir, au hasard ; il se heurtait contre les pierres ; il se trompa de chemin. Un bruit de sabots retentit près de son oreille ; c'étaient les ouvriers qui sortaient de la fonderie. Alors il se reconnut.
> À l'horizon les lanternes du chemin de fer traçaient une ligne de feux. Il arriva comme un convoi partait, se laissa pousser dans un wagon, et s'endormit.　　　　　(*ÉS*,200)

Encore une fois un Frédéric passif marche au hasard, d'un pas de somnambule. Les bruits du monde extérieur réussissent à peine à le rappeler à lui-même, en tout cas ils se révèlent impuissants d'interrompre le mouvement machinal et en quelque sorte forcé qui est le sien et qui le mène fatalement à la gare au moment où « *un convoi partait* ». La marche aboutit directement au voyage en chemin de fer, sans qu'il y ait une différence entre ces deux espèces de mouvement pour Frédéric qui continue à se laisser aveuglément entraîner.

Après le bateau et la voiture, ce train sur le point de partir, dans lequel Frédéric se laisse pousser — par des mains inconnues ! — et qui l'emportera endormi, c'est une manifestation de plus de la force anonyme traversant le roman d'un bout à l'autre. Comme ici, le véhicule est en général déjà là à attendre le héros, ou celui-ci se trouve déjà embarqué, ce qui fait que nous ignorons l'origine du mouvement. Rarement nous lui voyons faire le choix entre deux véhicules, et encore plus rarement entre partir et rester ; dans la plupart des cas il n'a plus qu'à « *se laisser pousser* », accepter et s'abandonner.

Or, ces trois verbes supposent l'existence préalable d'une force active, d'une volonté autre que celle du héros. Ils renvoient tous à la catégorie du « déjà-là » qui, à son tour, se révèle être une expression implicite de la présence de l'auteur. Cependant, celui-ci a réussi à se rendre invisible dans l'univers fictif en déléguant la manifestation de ses pouvoirs à un dispositif impersonnel qu'il fait subir à son protagoniste, et qui transpose la causalité externe du roman en une causalité interne. C'est ainsi que les véhicules, dans l'univers de *L'Éducation sentimentale,* articulent la rencontre importante entre la fonction de l'auteur et celle du personnage.

Un premier bilan de nos observations montre l'étroite interrelation des plans du récit : la technique descriptive et narrative d'une part et la thématique de l'autre se soutiennent et se confirment mutuellement. Toutes les deux nous permettent non seulement de constater l'absorption de l'énonciation dans l'énoncé, mais aussi de décrire les conséquences de ce phénomène d'« invisibilisation ». Suivant si on en considère l'envers ou l'endroit, elles se manifestent par une détermination fatale ou par une autonomie accrue de certains éléments du récit. Le rapport entre ces deux aspects, apparemment complémentaires, nous reste à élucider maintenant.

II

L'ENCHAÎNEMENT DES FAITS

S I dans *L'Éducation sentimentale* l'origine se fait mystère d'une façon générale, et que les phénomènes fictifs semblent se produire et les personnages être déterminés sans indication de cause, en fin de compte c'est parce que l'auteur a choisi d'être invisible. Émile Zola, dans sa Causerie du 28 novembre 1869, le formule ainsi : « *Il évite de jamais montrer les doigts d'auteur qui tiennent les ficelles* » [21]. Dans le cas de Flaubert il est indiqué de renchérir sur cette affirmation de Zola : non seulement il ne voulait pas montrer les doigts d'auteur, mais aussi s'attachait-il à couper les ficelles une fois qu'il avait mis son protagoniste sur pied et son récit en mouvement. Pourtant, un problème très sérieux se présentait alors : comment empêcher que la marionnette ne s'écroule ? Il faudrait pouvoir écrire un roman qui se tienne tout seul ; c'était bien là l'intention de Flaubert : « *Dieu sait le commencement et la fin ; l'homme, le milieu. L'Art, comme Lui dans l'espace, doit rester suspendu dans l'infini, compter en lui-même, indépendant de son producteur.* » (*Corr.*,2, p. 379). L'intérêt de ce texte tient à la fois à ce qu'il dit explicitement et à ce qu'il ne dit pas et laisse seulement entendre ; il admet plusieurs lectures différentes. D'une part il suggère que Dieu est pour l'homme ce que l'auteur — Flaubert choisit le terme de *producteur* évoquant la causalité externe de l'œuvre — est pour son livre : les deux détiennent le secret, c'est-à-dire la cause et la fin de leur création. D'autre part il montre que l'artiste poursuit un but très ambigu en voulant non seulement représenter sa propre condition contingente d'homme (ignorant le commencement et la fin de sa propre vie) mais aussi réaliser cette représentation dans la perfection de l'œuvre d'art. Il s'agit de faire comme Dieu et en même temps, par un défi orgueilleux, mieux que Dieu[22].

Dans la deuxième partie de sa production littéraire, Flaubert opte nettement pour l'autonomie de l'œuvre d'art. Il se propose comme idéal et comme programme esthétique, d'après les mots de Charles Du Bos, « *cet être à demimythique, le Livre en soi* » (p. 174[6]) : « *Tout désormais devient fonction de l'idée du Livre conçu, d'une part, comme un être vivant, comme un organisme autonome, de l'autre, comme une œuvre d'art parfaite, exécuté sous le seul signe de la beauté.* » Le texte de *L'Éducation sentimentale* est aussi « indépendant de son producteur » que possible, l'analyse de son début l'a montré, mais cette indépendance est bien précaire, puisque les êtres peuplant l'univers fictif sont des personnages déterminés par une cause que le texte même absorbe. Cependant, si ces êtres ignorant leur propre origine représentent la part de la contingence humaine dans le roman, Flaubert doit empêcher que leur contingence n'attaque, par une espèce de contagion, l'univers qu'ils habitent, le livre.

Ce danger prend une place importante dans les préoccupations théoriques de Flaubert ; y remédier et le prévenir sont pour lui des soucis constants qui ne laissent de marquer son esthétique littéraire. Ne pouvant exposer dans cette étude le grand nombre de ses réflexions sur l'œuvre littéraire en général, nous en avons choisi une seule, à titre d'exemple, qui nous semble intimement liée à la problématique du roman en particulier ; il s'agit de ce que Flaubert, dans une lettre du premier février 1852, a appelé « *l'enchaînement des faits* ».

Il faut considérer cet aspect de l'œuvre narrative dans le cadre général du caractère linéaire de toute manifestation linguistique. Sa forme écrite aussi, le texte littéraire, se déploie discursivement dans l'espace du livre et dans le temps de la lecture qui, elle-même, exige un mode de perception successif. Or tout romancier est libre d'introduire des inversions, anticipations ou confusions dans l'ordre logique de son récit, mais ces choix individuels n'ont de valeur et ne produisent l'effet voulu qu'en se détachant sur le fond de l'enchaînement linéaire des signes, loi commune de l'écriture et de la lecture. La qualité caractéristique des textes narratifs à cet égard consiste dans leur tendance inhérente à une collusion entre cet ordre chronologique donné et l'ordre logique. Le discours de la narration semble naturellement incliner à la synonymie entre les prépositions *après* et *à cause de*. C'est là, comme l'affirme Roland Barthes, une des données spécifiques de la narration en général :

Tout laisse à penser, en effet, que le ressort de l'activité narrative est la confusion même de la consécution et de la conséquence, ce qui vient après étant lu dans le récit comme causé par ; le récit serait, dans ce cas, une application systématique de l'erreur logique dénoncée par la scolastique sous la formule POST HOC, ERGO PROPTER HOC, qui pourrait bien être la devise du Destin, dont le récit n'est en somme que la « langue ». [23]

Bien que la coïncidence de la consécution et de la conséquence [24] agisse comme une force intrinsèque de toute narration, chaque auteur a le choix d'en profiter ou d'y faire résistance. Flaubert, pour sa part, a bien reconnu et étudié cette loi ; la façon conséquente et rigoureuse dont il s'en est servi dans ses œuvres le distingue de tous les autres romanciers. Dans *L'Éducation sentimentale* il ne s'écarte guère d'un enchaînement strictement linéaire des faits. Ce roman nous

frappe par l'absence presque totale de *flashbacks*, de ramifi-
cations de l'intrigue, de digressions. Les faits se lient les uns
aux autres en une seule ligne nette qui se trouve encore
renforcée par la présence presque ininterrompue du héros.

Nous comprenons facilement l'apparition d'une linéarité
si pure si nous jetons un coup d'œil sur les idées esthétiques
de Flaubert à l'époque où il écrivait *L'Éducation sentimentale*.
En 1867 il répondit à un auteur qui avait soumis à sa critique
le roman intitulé *Deux chemins* :

[...] il me semble que le roman ne se tient plus sur les pieds. Je
veux dire que les événements ne dérivent plus du caractère des
personnages ou que ces mêmes caractères ne les produisent pas.
Car c'est l'un ou l'autre (et même l'un et l'autre) dans la réalité.
Les faits agissent sur nous, et nous les causons. Ainsi, à quoi sert
la révolution de Sicile ? Déborah n'avait pas besoin de cela pour
s'en aller, et Pipinna pour mourir. Pourquoi ne pas leur avoir
trouvé une fin en rapport naturel avec tous leurs antécédents ?
Cela est de la fantaisie et donne à une œuvre sérieusement com-
mencée des apparences légères. Le roman, selon moi, doit être
scientifique, c'est-à-dire rester dans les généralités probables.

(Corr.,5, p. 277)

Le seul critère que Flaubert semble appliquer ici, c'est celui
de l'interrelation cohérente de tous les éléments dans le
roman. Dès qu'il découvre « de la fantaisie », c'est-à-dire une
infraction au principe demandant que les événements dérivent
des caractères et *vice versa*, il se fait critique très sévère. Il
veut que « *toutes les idées s'enchaînent sous la loi d'une
logique intérieure* » (p. 177 [2]), comme le constate Ferdinand
Brunetière dans son « Étude sur Gustave Flaubert » au sujet
de *Madame Bovary*. Et il faut que cette logique se conçoive
déterministe, d'après l'exigence établie par Flaubert qui
postule « une fin en rapport naturel avec tous les antécédents ». Le moindre élément de l'univers narratif doit donc
s'insérer dans une succession causale rigoureusement cons-

truite : « [...] *pourquoi la première description, celle des environs de Jumièges, description qui n'a aucune influence sur aucun des personnages du livre* [...] *?* » (*Corr.*,5, p. 320). Cette question provient d'une critique que Flaubert a adressée en 1868 à Mlle Bosquet (au sujet de son roman *Jacqueline de Vardon*). Elle exige de la part du romancier qu'il réponde dans son œuvre à tous les « pourquoi » au sujet de l'enchaînement des faits. Y a-t-il une seule description se trouvant « *hors ligne* » (p. 179) ? — il faut l'élaguer pour rétablir la cohérence déterministe du texte. C'est dans ce sens qu'on pourrait rapporter à *L'Éducation sentimentale* ce que Ferdinand Brunetière dit de *Madame Bovary* : « *Modifiez un seul des éléments qui forment son atmosphère physique et morale ; supprimez un seul des menus faits dont elle subit la réaction, sans le savoir elle-même ; transformez un seul des personnages dont l'influence inaperçue domine ses résolutions ; — vous avez changé tout le roman.* » (p. 178^2). La cohérence interne de l'œuvre, voilà un des secrets de la forme parfaite ; le roman flaubertien veut être un univers où tout se tient le long d'un axe à la fois temporel et causal qui le traverse d'un bout à l'autre. Puisque succession linéaire il y a, Flaubert en profite pour la charger d'une fonction esthétique. Mais il ne se limite pas à accepter la coïncidence de la consécution et de la conséquence comme une commodité inhérente à son travail de romancier [25], au contraire, il l'élabore et, par un emploi systématique, en fait un instrument significatif de sa technique narrative. Ainsi il n'entend pas seulement inscrire la cohérence déterministe de ses romans dans la dimension linéaire du texte, mais aussi réaliser une économie des moyens narratifs, parce que, chaque place dans le récit étant désormais motivée d'après la causalité interne du texte, il n'aura plus besoin d'exprimer la causalité par d'autres éléments.

Telles sont l'intention et la théorie de l'auteur. Il faut se demander maintenant s'il applique ces principes dans ses œuvres narratives, s'il s'en sert pour réaliser le roman qui « tienne sur ses pieds » et réponde à l'idéal du livre parfait en lui-même.

L'intrigue de *L'Éducation sentimentale* se constitue d'une série ininterrompue d'échecs subis par un protagoniste « *incapable d'action* »[26], ce qui crée une atmosphère paralysante. Cette impression découle principalement de l'enchaînement intérieur de cette *Histoire d'un jeune homme*. Frédéric n'est pas la victime d'une providence ennemie, du moins ne projette-t-il presque jamais la cause de ses déceptions dans une fatalité à origine transcendante ; l'auteur non plus ne fournit jamais ce genre d'explication. Bien que tout dans ce roman nous fasse sentir l'action fatale d'une contrainte anonyme, Flaubert évite de la nommer par le mot de *fatalité*.

Si fatalité il y a, elle doit donc être immanente, provenir de l'agencement interne du texte. Nous avons choisi d'en montrer le fonctionnement dans l'enchaînement des éléments d'intrigue. Pour ce faire, accompagnons le protagoniste pendant quelques pages à travers son histoire, afin d'examiner ce qui détermine ses échecs.

Trois semaines après son duel ridicule avec le vicomte de Cisy, Frédéric lit « *l'histoire de son duel, narré en style sémillant, gaulois* » (*ÉS*,234) dans "*Le Flambard*", journal douteux dirigé par son ami Hussonnet. Fâché de voir son exploit héroï-comique devenir l'objet des rires, il décide pourtant de ne rien entreprendre pour sa défense : « *En sortant du cabinet de lecture, il aperçut du monde devant la boutique d'un marchand de tableaux. On regardait un portrait de femme, avec cette ligne écrite au bas en lettres noires : "M*ᶫᶫᵉ *Rose-Annette Bron, appartenant à M. Frédéric Moreau, de Nogent."* » (235). Il n'a pas eu le temps d'oublier l'article ignominieux au sujet de son duel, et voilà qu'il trouve son nom associé à celui de cette dame compromettante, et exposé aux yeux de tous les curieux ! « *Il devenait ridicule, tout le monde se moquait de lui* », conclut-il, non sans se demander : « *était-ce une conjuration* » ? C'est en réalité une conjuration, mais personne ne conspire contre Frédéric sinon lui-même, malgré lui ; c'est de son propre passé que surgissent des obstacles contre ses ambitions de réussir dans le monde et auprès de la femme adorée. L'article et le portrait le compromettent pareillement, mais il en est lui-même l'instigateur.

Poursuivi par les maladresses de son propre passé, Frédéric reprend le vol de ses rêves et ambitions. Il sera particulièrement intéressant pour nous de l'observer quand il prend enfin l'initiative de réaliser un de ses projets. Trois jours plus tard, il va à une soirée chez Madame Dambreuse dont le mari lui a déjà déclaré l'intention de l'associer à des affaires importantes. Mais la première personne qu'il rencontre en entrant dans l'antichambre, c'est Martinon, son personnage jumeau [27]. Celui-ci, ayant débuté à Paris en même temps que Frédéric, dans la même carrière que Frédéric, a toujours réussi ; aussi sa présence rappelle-t-elle au héros tous ses échecs antérieurs. La soirée commence donc, dans la personne de Martinon, par une évocation globale du passé que Frédéric voudrait fuir et effacer. Quand il parvient enfin à attirer l'attention de Madame Dambreuse, celle-ci en profite pour lui dire :

— J'ai vu quelqu'un, avant hier, qui m'a parlé de vous, M. de Cisy ; vous le connaissez, n'est-ce pas ?
— Oui... un peu. (*ÉS*,237)

Encore une allusion embarrassante à son duel ! — mais bien plus compromettante que la première, parce que, dans ce salon, les aspirations mondaines et financières de Frédéric

23

se trouvent en jeu. En fait, Monsieur Dambreuse s'empresse de lui parler affaires :

> — Vous n'êtes pas venu pour notre affaire.
> Frédéric allégua une maladie ; mais sentant que l'excuse était trop bête :
> — D'ailleurs, j'ai eu besoin de mes fonds.
> Pour acheter une voiture ? reprit Mme Dambreuse qui passait près de lui, une tasse de thé à la main ; et elle le considéra pendant une minute, la tête un peu tournée sur son épaule.
> Elle le croyait l'amant de Rosanette ; l'allusion était claire.
> (*ÉS*,238)

Au lieu d'aboutir aux grands projets rêvés, la conversation ne fait que remuer une vieille affaire échouée. Ne voulant pas avouer une perte financière, Frédéric devient maintenant l'objet d'un soupçon déshonorant, fondé uniquement sur son propre comportement qui, mystérieusement connu par les Dambreuse, transforme leur hôtel en un véritable piège pour lui. Cependant les suites fâcheuses de ses propres actes, ou plutôt de ses omissions et hésitations, n'ont pas encore fini de retomber sur lui :

Martinon, auprès de Mlle Cécile, feuilletait un album. C'étaient des lithographies représentant des costumes espagnols. Il lisait tout haut les légendes : "Femme de Séville, — Jardinier de Valence. — Picador andalou" ; et, descendant une fois jusqu'au bas de la page, il continua d'une haleine :
— Jacques Arnoux éditeur. — Un de tes amis, hein ?
— C'est vrai, dit Frédéric, blessé par son air. Mme Dambreuse reprit :
— En effet, vous êtes venu, un matin... pour... une maison, je crois ? oui, une maison appartenant à sa femme. (Cela signifia : « C'est votre maîtresse »).   (*ÉS*,238)

Ce rapprochement de noms est doublement embarrassant pour Frédéric, parce que d'une part il implique une association avec les escroqueries de Jacques Arnoux, d'autre part sa drôle d'amitié pour le mari de son idole donne lieu à des spéculations qui flétrissent la pureté de son amour. Décontenancé de subir ainsi les conséquences de ses engagements, il a envie de partir : « [...] *il avait presque gagné la porte, quand, passant près d'une console, il remarqua dessus, entre un vase de Chine et la boiserie, un journal plié en deux. Il le tira quelque peu, et lut ces mots : le Flambard.* » (*ÉS*,239). Le voilà de nouveau face à face avec cette histoire peu glorieuse de son passé. On se moque donc de lui jusque dans ces salons dont il espérait tout et dont il se sent chassé avec honte à cause des imprudences commises par lui auparavant. Finalement, c'est Martinon qui lui assène un dernier coup :

— À propos d'Arnoux, j'ai lu parmi les prévenus des bombes incendiaires le nom d'un de ses employés, Sénécal. Est-ce le nôtre ?
— Lui-même, dit Frédéric.
Martinon répéta, en criant très haut :
— Comment, notre Sénécal ! Notre Sénécal !   (*ÉS*,239)

Une amitié contractée il y a longtemps trahit Frédéric à l'improviste, et, par surcroît, l'expose à un faux soupçon ; l'identification avec ce nom de terroriste le rend définitivement impossible dans la société conservatrice des Dambreuse.

Dans ces quelques passages tirés d'une dizaine de pages du roman nous avons assisté à un véritable défilé au présent des fautes, liaisons, engagements passés de Frédéric. Tout ce qui pouvait le compromettre s'est trouvé ressuscité à un moment très important pour lui et est venu anéantir ses espoirs les plus chers. L'hôtel Dambreuse, lieu où ses espoirs pouvaient se transformer en réussites, est devenu le labyrinthe de ses fautes passées qui paralysent les possibilités d'action du héros.

Cette détermination de l'avenir par le passé sera définitive, cependant un espoir tenace persiste : on aimerait voir agir le héros. On souhaite qu'il prenne l'initiative, malgré tout et contre tout, pour se libérer de la contrainte qui le tient prisonnier. En fait, il se lance dans de nombreuses tentatives, mais dans la plupart des cas où il essaie d'agir, ce n'est qu'en réaction à une provocation révoltante, plutôt pour gagner un répit que pour vraiment rompre la rigueur déterministe de son sort.

Le roman contient une scène très éloquente à ce sujet : Frédéric réussit finalement à obtenir un aveu d'amour de Madame Arnoux. Pourtant, quand les amants sont enfin réunis dans une longue étreinte, tout à coup, Rosanette survient. Comme l'ange vengeur du passé, elle a surgi pour piétiner cet amour, pour le détruire en humiliant ainsi Frédéric aux yeux de Madame Arnoux. Cette fois-ci le héros comprend qu'il a lui-même provoqué cet acte ignoble de la part de Rosanette, que tout découle de son propre comportement : « *L'infamie dont le rejaillissement l'outrageait, c'était lui-même qui en était cause. Il éprouvait tout à la fois la honte d'une humiliation écrasante et le regret de sa félicité ; quand il allait enfin la saisir, elle était devenue irrévocablement impossible ! — et par la faute de celle-là, de cette fille, de cette catin. Il aurait voulu l'étrangler ; il étouffait.* » (*ÉS*,359). Provoqué, il veut agir, se libérer de celle qui est devenue l'image de la cause enracinée en lui-même. Se libérer, fût-ce par un acte de violence criminelle ? « *Il leva le poing. — "Ne me tue pas ! je suis enceinte !"* » (360). Voilà que, par un renversement ironique, sa tentative de libération aboutit à une plus grande dépendance par rapport à cette lorette vindicative. La nouvelle de sa grossesse bouleverse tous ses projets, à commencer par celui de rompre avec Rosanette. Il lui sera désormais impossible de regagner le contrôle sur sa propre vie, quoi qu'il entreprenne, il se heurtera toujours aux conséquences de ses lâchetés passées. Cela mène à l'avortement de tous ses desseins, car, malgré tout, il en conçoit encore. Après la mort de Monsieur Dambreuse il aspire même à prendre sa place auprès de la veuve Dambreuse. Cependant, menée parallèlement à sa liaison avec Rosanette, cette nouvelle entreprise lui impose une vie double qui finit bientôt par le réduire au mouvement machinal d'une navette faisant ses allées et venues entre « *le côté des Dambreuse* » et « *le côté de Rosanette* » [28] : « *Il mena dès lors une existence double, couchant religieusement chez la Maréchale et passant l'après-midi chez Mme Dambreuse, si bien qu'il lui restait à peine au milieu de la journée, une heure de liberté.* » (387). Cette situation avilissante peut figurer comme l'image suprême du déterminisme flaubertien, montrant le héros pris dans l'étau des conséquences provenant de ses propres décisions par laisser-faire qui ont de plus en plus compromis et finalement rendu impossible son amour idéal. Son immobilisation progressive est inévitablement amenée par les chaînons d'une seule ligne de succession déterministe qui relie tous les événements dans le roman en accumulant ainsi le poids des moments passés dont la somme pèse comme une colonne de plomb sur le présent et étouffe tous les élans de Frédéric.

Lecteurs critiques, nous sommes capables de retracer cet enchaînement sans faille, qui, cependant, ne se trouve nulle part thématisé dans le roman. Contrairement à nous, le héros n'accède jamais à cette connaissance, il ignore le principe d'ordre régissant sa propre histoire. Aussi se sent-il engagé dans un monde dépourvu d'ordre ; d'ailleurs il partage cette impression avec Jules, un des protagonistes de *L'Éducation sentimentale* de 1845, mais celui-ci, après avoir fait l'expérience d'une discontinuité désolante, finit par postuler une causalité linéaire et progressive : « *De tout cela cependant résultait son état présent, qui était la somme de tous ces antécédents* [...]. » (I, p. 351*a*). Dans la version définitive cet ordre s'efface dans la conscience des personnages pour être réalisé et perfectionné en tant que discours narratif.

La présence de l'auteur se manifeste ainsi par l'intermédiaire de cet instrument à la fois efficace — l'enchaînement rigoureux renforce la cohérence interne du texte — et ironique, parce qu'il suppose une conscience supérieure à l'univers clos dans lequel s'inscrivent les expériences négatives du héros. Le climat de fatalité et la cohérence déterministe du récit se révèlent donc être deux aspects complémentaires dans leurs rapports réciproques, et corollaires du même effort de réaliser l'œuvre autonome.

Frédéric a entrepris le voyage symbolique du roman avec un bagage débordant de rêves et d'espoirs. Il a longtemps sauvegardé la perspective de cette liberté du·possible, mais au fur et à mesure qu'il avançait, l'éventail de ses possibilités s'est fermé. Comme à sa mère, il lui a « *fallu abandonner bien des rêves* » (*ÉS*,90) ; non qu'ils se soient réalisés, au contraire, ils ont passé directement à l'état de souvenir. Le grand vide de *L'Éducation sentimentale* — perçu comme une espèce de frustration par bien des lecteurs — s'explique par le fait que son mouvement interne se réduit à un glissement direct et continu de l'espoir (orienté vers ce qui n'est pas encore) au souvenir (orienté vers ce qui n'est plus) [29], sans le passage par la plénitude actuelle du vécu, ni par l'acte positif du héros. Ainsi la perte des rêves est graduellement compensée par une ouverture de la vue rétrospective qui conclut le roman tout en le ramenant à son début. Rien ne s'est accompli au cours de l'histoire, et tout ce qui reste à la fin, ce sont les souvenirs des rêves passés et abandonnés.

Dans ce roman, « *l'accroissement du récit par lui-même* », dont parle Jean Rousset dans un article sur *Salammbô* [30], révèle son ambivalence fondamentale : le mouvement du

« *grand rouleau qu'on déploie petit à petit* » — un des symboles de la narration dont se sert Jacques dans le roman de Diderot —, ce mouvement se conçoit sous deux points de vues opposés. D'une part le rouleau se vide par la progression du récit qui fait s'évanouir un à un les rêves de Frédéric et opère ainsi la lente décomposition de sa vie envisagée en rose. C'est donc sous un signe négatif que Flaubert fait s'accomplir la progression dans le temps. D'autre part l'enchaînement déterministe des faits produit une accumulation qui — et voici la particularité paradoxale de *L'Éducation sentimentale* — s'avère être une force destructrice elle aussi, parce que la somme des antécédents s'élève toujours contre le héros et anéantit ses espoirs. Quoi qu'il arrive et quelles que soient les énergies déployées dans ce roman, un principe immanent d'autodestruction veut que le résultat en soit toujours nul ; il n'y a de positif que le discours narratif qui se déroule en progressant réellement, sans que pour autant le protagoniste avance.

Pourtant, on peut observer un phénomène de récupération ; on dirait que le fil du récit se rembobine à mesure que l'incongruité du rêve et de la réalité rétablit la virtualité puissante de l'imaginaire : « *chaque déception nouvelle le rejetait plus fortement vers son vieux rêve* » (*ÉS*,153). Seulement, la perspective de l'espoir reste désormais renversée, puisque vers la fin il faut faire appel au vol rétrograde du souvenir pour la restaurer. C'est ainsi que la scène finale nous invite à franchir le vaste champ d'échecs qu'est le roman pour retrouver la première aventure amoureuse des deux amis adolescents — aventure ambiguë qui aboutit elle-même à l'échec initial qui, marquant le début de la chronologie biographique de Frédéric, annonce déjà tous les autres — en entamant de la sorte pour la deuxième fois l'*Histoire d'un jeune homme* que nous venons de lire.

En achevant la lecture, le lecteur comprend rétrospectivement que la linéarité pure de l'intrigue n'a cessé de se recourber sur elle-même pour rejoindre son propre début. À la première page déjà « *les tourbillons de fumée* » — image qui fascine Flaubert [31] — semblent annoncer ce mouvement circulaire en traçant une première fois la ligne revenant sur elle-même et se perdant dans l'espace vide. Le roman dans son ensemble apparaît comme une construction parfaite qui fonctionne à vide. Rien ne s'accomplit, que ce soit sur le plan politique, sentimental ou financier ; bien que l'enchaînement des faits soit des plus rigoureux, la somme qu'il accumule de cause en effet reste négative. Le seul bilan positif est ce mouvement accompli du texte qui se ramène à son point de départ et qui, par ce retour sur soi, se révèle lui-même être une figure de la perfection et de l'autonomie. Ainsi l'univers de la fiction renfermant et absorbant son propre commencement et sa propre fin semble donc déjà conférer à l'œuvre les qualités requises par Flaubert : « *complet en lui-même, indépendant de son producteur* » (*Corr.*,2, p. 379).

III

LE MOUVEMENT ET L'IMMOBILITÉ

L E mouvement nous a fourni un premier axe de sondage pour dévoiler les rapports entre la présence immanente de l'auteur et l'autonomie de son œuvre, qu'il s'agisse du mouvement thématisé, par exemple sous la forme traditionnelle du voyage, ou du mouvement du roman en tant que déroulement d'un discours narratif. Or cet examen de l'élément dynamique a montré qu'il tend à fonctionner à vide, se transformer en piétinement et engendrer paradoxalement son contraire, l'immobile, dont la manifestation fréquente dans les romans flaubertiens a engagé Jean Rousset à conclure, au sujet de *Madame Bovary*, que « *Flaubert est le grand romancier de l'inaction, de l'ennui, de l'immobile* » (p. 133 [15]). Les deux éléments coexistent donc de façon contradictoire dans la même œuvre ; leur dichotomie demande à être élucidée et peut nous permettre d'avancer dans la problématique de l'œuvre autonome. D'ailleurs Léon Cellier a déjà formulé la question à partir de laquelle nous pouvons poursuivre notre analyse : « *Pourquoi tant de mouvement chez le grand romancier de l'immobile ?* » (p. 14 [16]).

Reprenons la première page du roman, décrivant le départ du bateau : « *Enfin le navire partit ; et les deux berges, peuplées de magasins, de chantiers et d'usines, filèrent comme deux larges rubans que l'on déroule. [§] Un jeune homme de dix-huit ans, à longs cheveux et qui tenait un album sous son bras, restait auprès du gouvernail, immobile. À travers le brouillard, il contemplait des clochers, des édifices dont il ne savait pas les noms.* » (*ÉS*,1). D'après ce texte il est évident que le problème du mouvement et de l'immobilité tient à la perspective narrative. Le navire part, cette constatation comporte l'origine objective du mouvement qui, cependant, est perçu subjectivement par le défilé des rivages. La perspective dans ce texte coïncide avec celle des passagers, ce qui veut dire que, lecteurs, nous nous trouvons dès le début embarqués sur le bateau. Notre lecture nous situe d'emblée à l'intérieur du monde fictif, ne nous accordant point le privilège de la distance objectivante. Nous n'avons pas le choix, la perspective que l'auteur nous impose nous établit aussitôt comme sujets, dans le double sens du mot : nous sommes d'une part le centre et le point de départ actif du regard et d'autre part soumis à une autorité souveraine mais invisible.

C'est par le moyen de la perspective narrative que l'auteur réussit à nous placer non pas en face mais à côté de ce jeune homme solitaire qui, pareil à nous, avance par rapport au rivage ; cependant, s'il nous donne l'impression d'une présence inerte — l'impression étant nettement soulignée par le verbe *rester* et par l'adjectif *immobile* — c'est qu'il ne se déplace pas par rapport au bateau qui l'emporte [32].

La technique de la perspective dynamique, dont se sert Flaubert dans cette scène de voyage, n'a certes pas été inventée par lui, mais il l'a perfectionnée dans *L'Éducation sentimentale*. Avant de montrer comment il s'en est fait un instrument au service de l'autonomie de l'œuvre, il sera utile de la mettre en relief en l'opposant à un procédé de technique narrative bien différent. Un contemporain de Flaubert, Émile Zola, manifeste dans ses romans une prédilection, sinon un besoin de la perspective statique. Voici, dans le premier volume des Rougon-Macquart, l'exemple de la scène nocturne où le jeune couple, Silvère et Miette, rencontre l'armée des insurgés en marche : « *"Ce sont eux !" s'écria Silvère dans un élan de joie et d'enthousiasme. [§] Il se mit à courir, montant la côte, entraînant Miette. Il y avait, à gauche de la route, un talus planté de chênes verts, sur lequel il grimpa avec la jeune fille, pour ne pas être emportés tous deux par le flot hurlant de la foule.* » (p. 61 [33]). Ce texte, quelque fragmentaire qu'il soit, révèle le souci typique du romancier pour la mise en scène dans ses ouvrages. Zola choisit un point de vue surélevé, privilégié pour les deux jeunes observateurs, et par là aussi pour lui-même et pour son lecteur. Leur peur d'être emportés exprime indirectement sa propre aversion pour la perspective dynamique. Il empêche ainsi ce que nous avons souvent vu faire à Flaubert, d'abandonner ses personnages à un mouvement involontaire. L'armée des insurgés est en train d'approcher, mais l'auteur prend son temps en faisant les préparatifs scénographiques pour le défilé épique imminent :

Mais à cinq ou six pas de la broussaille où s'étaient abrités Miette et Silvère, le talus de gauche s'abaissait pour laisser passer un petit chemin qui suivait la Viorne, et la lune, glissant par cette trouée, rayait la route d'une large bande lumineuse. Quand les premiers insurgés entrèrent dans ce rayon, ils se trouvèrent subitement éclairés d'une clarté dont les blancheurs aiguës découpaient avec une netteté singulière les moindres arêtes des visages et des costumes.   (pp. 63-4 [33])

On se croirait au théâtre : le clair de lune découpe l'espace délimité d'une scène sur la route et fournit en même temps l'éclairage. Nous sommes installés sur le talus, pour ainsi dire dans notre loge, curieux, mais tranquilles parce que séparés du lieu de l'action. Tout est prêt, que le défilé des insurgés commence !

Dans *L'Éducation sentimentale* Flaubert renonce dans

une très large mesure au point de vue privilégié de l'observateur-spectateur. Le mouvement, dans la plupart des cas, n'est pas décrit de l'extérieur, mais vécu de l'intérieur, d'où la perspective subjective et souvent naïve des choses. C'est ainsi que, contrairement au défilé des insurgés chez Zola, ce sont les objets fixes au bord de la route, les paysages, les maisons qui se mettent à défiler chez Flaubert. Ce phénomène se répète à maintes reprises dans le roman ; d'abord au départ du bateau : « *les deux berges, peuplées de magasins, de chantiers et d'usines, filèrent comme deux larges rubans que l'on déroule* » (*ÉS*,1), ensuite au début de la deuxième partie : « *Les boutiques défilaient* » (103), et aussi plus tard, quand Frédéric prend le train dans l'espoir de trouver Madame Arnoux à Creil : « *le convoi roulait, les maisonnettes des stations glissaient comme des décors* » (191). Cette façon de nous faire vivre le roman de l'intérieur, « *à travers l'optique d'un protagoniste* » est constitutive d'une technique narrative que Michel Raimond a appelée le réalisme subjectif [20].

« C'est comme un grand rouleau qu'on déploie petit à petit », cette phrase tirée de *Jacques le fataliste* est rappelée par sa ressemblance avec les « rubans que l'on déroule ». Malgré la grande différence entre les deux romans, les thèmes concordants du rouleau chez Diderot et du ruban chez Flaubert acquièrent, à titre égal, une valeur de figure dans la mesure où ils représentent le déroulement du texte narratif lui-même. En attribuant l'existence et l'activité du récit à la présence impersonnelle d'un *on*, les deux auteurs renvoient à une instance énonciatrice refusant de s'identifier, avec la différence, cependant, que Diderot met en scène son activité originelle sous forme d'un personnage revêtant la double fonction d'auteur-narrateur, tandis que chez Flaubert la source de l'activité reste invisible, si bien qu'on a l'impression que « cela » se déroule de façon autonome.

C'est le jeu de perspective qui permet alors à Flaubert de mettre en relief la valeur réciproquement relative du mouvement et de l'immobilité. Puisque les personnages sont déterminés par la force anonyme qui les emporte, le mouvement devient l'expression de la contrainte, et leurs rêves de liberté prennent comme objet son arrêt : sur les collines qui défilent les passagers du bateau découvrent de belles maisons : « *Plus d'un, en apercevant ces coquettes résidences, si tranquilles, enviait d'en être le propriétaire, pour vivre là jusqu'à la fin de ses jours, avec un bon billard, une chaloupe, une femme ou quelque autre rêve.* » (*ÉS*,2). Pouvoir abandonner le bateau, s'installer sur le rivage dans une de ces résidences, bref, gagner les avantages d'une vie sédentaire, voilà comment les voyageurs conçoivent leur liberté et leur bonheur.

Pour le lecteur et pour sa perception de l'univers fictif, l'arrêt consisterait en une interruption du récit et éventuellement en une intrusion d'auteur qui établirait un deuxième niveau de réalité fictive, à partir duquel le premier deviendrait un objet considéré à distance. Ce serait alors le tour du lecteur de s'installer en quelque sorte sur un rivage d'où il verrait se dérouler le récit sans être engagé dans le mouvement narratif. Or les lecteurs et les personnages de *L'Éducation sentimentale*, qu'ils désirent ou non bénéficier de cet arrêt et de la distance qu'il comporterait, ne les obtiendront jamais. L'espace du désir, n'étant jamais franchi, reste toujours intact sous la forme d'une idylle rêvée [34].

Il est intéressant de jeter un coup d'œil sur la version de 1845 pour y voir l'idylle se réaliser et par là même se dégrader. Henry réussit à s'enfuir avec sa maîtresse, les deux amoureux vont s'installer à New York espérant y jouir tranquillement de leur bonheur. Mais l'échec ne tardera pas à conclure cette tentative, et l'auteur finit par intervenir pour ironiser l'idylle en dénonçant son caractère bourgeois et banal :

Henry se fût perdu dans cette existence bourgeoise — qui semble à d'autres qu'à nous l'endroit le plus charmant de ce livre, celui qui eût prêté aux plus aimables développements et aux descriptions les plus gentilles : mais outre qu'on a horreur de ce genre de style et qu'on vous en exempte, voilà vraiment le temps qui approche de faire chanter à chaque personnage son couplet final — Henry se fût donc perdu dans cette médiocrité de vivre et de sentir, si elle eût duré plus longtemps [...]. (I, p. 346*b*)

La réalisation de l'idylle ne peut mener qu'à la médiocrité, et le recours à l'intrusion d'auteur ironique semble être nécessaire pour racheter cette chute. Contrairement, dans la version définitive l'idylle impossible à réaliser est complémentaire de la non-intervention de l'auteur.

Le maintien de la tension entre l'idéal et le réel s'opère très souvent au moyen de l'opposition mouvement/immobilité. Ainsi, dans la scène importante du retour de l'hippodrome, l'équivalence de mouvement et de contrainte et l'impossibilité d'y échapper sont des plus nettes. Frédéric, bon gré mal gré, s'est engagé à mener Rosanette aux courses, mais au retour il a honte d'être vu avec elle, ayant déjà rencontré le regard désapprobateur de Madame Arnoux et des Dambreuse :

« Ils m'ont reconnu ! » se dit Frédéric.
Rosanette voulut qu'on arrêtât, pour mieux voir le défilé. Mme Arnoux pouvait reparaître. Il cria au postillon :
— Va donc ! va donc ! en avant !
Et la berline se lança vers les Champs-Élysées au milieu des autres voitures [...]. (*ÉS*,208)

Rosanette, en proposant de s'arrêter, espère gagner le privilège d'une perspective statique qui les ferait jouir de la liberté de « voir le défilé » sans en faire partie. Frédéric ne veut ni ne peut se soustraire au mouvement, de peur d'être vu en compagnie de cette vedette du demi-monde. Il est donc forcé de se laisser emporter par l'élan des chevaux, bien caché au fond de la berline, qui, elle-même, se trouve prise dans le flot des autres voitures. Ce dilemme du héros entre d'une part se trahir soi-même et son idéal d'amour en se mettant en position d'être vu et d'autre part s'incorporer et passer inaperçu désigne par analogie l'attitude de l'auteur dont l'invisibilité est conçue comme un garant de l'autonomie de son œuvre et qui, par conséquent, fait tout pour ne pas se mettre à l'écart par rapport à la matière relatée et pour, au contraire, s'y immerger.

Les équivalences de mouvement et contrainte d'un côté et d'immobilité et liberté de l'autre ne sont pas définitivement établies, parce que la valorisation des perspectives se renverse par moments. Deux fois l'auteur y a recours pour marquer l'inanité des efforts de Frédéric en amour et en politique. C'est le cas vers la fin du roman, quand les élans ambitieux du héros se révèlent de plus en plus être un mouvement sur place. La perspective statique intervient alors inopinément comme une lumière jetée, derrière ses vaines activités, sur son immobilité foncière.

Lors des premiers troubles annonçant la révolution de 1848, Frédéric, ayant rêvé auparavant de participer à cette action politique, se trouve dans le boudoir de Rosanette ; et, ensemble, « *ils passèrent l'après-midi à regarder, de leur fenêtre, le peuple dans la rue* » (*ÉS*,284). Le regard par la fenêtre, d'ailleurs une manifestation particulièrement fréquente de la perspective statique chez Flaubert, contredit ici tous les projets d'action du héros et fait ressortir son impuissance en face de ce qui lui arrive.

L'inertie de Frédéric est encore soulignée par la disposition concrète de la scène qui suit la perte définitive de Madame Arnoux :

Frédéric, immobile dans l'autre fauteuil, pensait à Mme Arnoux. Elle était en chemin de fer, sans doute, le visage au carreau d'un wagon, et regardant la campagne s'enfuir derrière elle, du côté de Paris, ou bien sur le pont d'un bateau à vapeur, comme la première fois qu'il l'avait rencontrée ; mais celui-là s'en allait indéfiniment vers des pays d'où elle ne sortirait plus.   (*ÉS*,407-8)

Le désespoir produit dans l'imagination de Frédéric les visions d'un mouvement fatal dont il est exclu. Pour une fois que l'éternel passager n'est pas embarqué, Madame Arnoux, elle, l'est ; cette différence de perspective surprenante figure la perte que le héros vient de subir. Involontairement il assiste au défilé imaginaire des occasions manquées sous forme de véhicules qui emportent son idéal en l'éloignant de lui qui reprendre l'attitude immobile [35] que nous lui connaissons depuis sa première apparition sur le bateau.

Le jeu de perspective est donc réciproque et peut théoriquement s'invertir à volonté, l'arrêt du mouvement figurant l'idéal rêvé du voyageur, et le départ celui du sédentaire. Pourtant Flaubert ne profite pas dans la même mesure des deux possibilités. La première, de loin la plus fréquente, associe presque toujours désir et espoir, tandis que la deuxième n'apparaît que pour illustrer l'anéantissement de l'espoir. Toutefois le changement de perspective, mettant en jeu les couples dichotomiques mouvement—immobilité et contrainte—liberté, ne renverse la correspondance de leurs membres qu'aux dépens du héros. Engagé ou non dans le mouvement, Frédéric reste toujours exclu de la liberté espérée, de façon que les actions libératrices et l'accomplissement des projets ne cessent de se projeter dans l'avenir, ce qui engendre continuellement le mouvement progressif de l'intrigue narrative et rend superflue toute intervention de la part de l'auteur servant à relancer l'histoire.

La perspective dynamique se double d'un élément subjectif ; le fait que, sous le regard de Frédéric, la plupart des événements semblent arriver par hasard en est une conséquence qui, du reste, peut surprendre dans ce roman à enchaînement déterministe où rien n'est abandonné au hasard ! C'est que le héros, plongé dans l'immédiateté du monde fictif, perçoit les événements comme des phénomènes impénétrables, il en éprouve les répercussions négatives sans les examiner ni expliquer. C'est ainsi que, les causes restant cachées à sa conscience, il en est toujours surpris. Jusqu'au moment de sa résignation il s'obstine à regarder, au hasard, devant lui (cf. *ÉS*,152), ce qui fait qu'il va de déception en déception. Comme il n'analyse guère ses propres échecs et n'en démêle les antécédents déterminants que dans de rares moments de lucidité (cf. 359) il n'en tire pas non plus les conséquences nécessaires, et son Éducation ne peut jamais s'accomplir. Paradoxalement ce roman contient donc beaucoup de hasards pour les personnages mais très peu de surprises pour le lecteur. Celui-ci, pour peu qu'il réfléchisse à ce qu'il lit, peut se détacher de la perspective naïve du héros et gagne ainsi un avantage sur lui. L'ordre absent pour le personnage devient un ordre implicite pour le lecteur qui, ayant reconnu certaines lois internes du texte, profite alors de la prévisibilité du déroulement narratif. Associés dans la perspective dynamique, lecteur et personnage ne partagent donc pas l'attitude naïve.

Le jeu des perspectives ne représente qu'une seule parmi plusieurs manifestations de l'immobilité dans le mouvement ; le caractère passif du héros en est une autre, particulièrement apte à faire contrepoids à tous les éléments dynamiques du roman. L'inactivité de Frédéric se définit comme le manque de l'énergie autonome qui lui permettrait de se détacher du fond des événements extérieurs et de devenir le sujet des actions au lieu d'en être l'objet. Dès les premiers jours après la parution du roman, la critique s'est occupée de ce cas de passivité exceptionnelle, en général d'une façon peu élogieuse. Barbey d'Aurevilly la reproche à son auteur :

Le Frédéric Moreau sur qui Flaubert a eu la bonté d'écrire un roman, et un roman de deux volumes, n'a pas même d'histoire. Réellement, ce n'est pas une histoire que les misérables faits de la vie de ce galopin sans esprit et sans caractère, de cette marionnette de l'événement qui le bouscule, et qui vit ou plutôt végète comme un chou, sous la grêle des faits de chaque jour. Il est bête, en effet, comme un chou grêlé, ce Frédéric Moreau. De quel autre nom appeler un homme qui n'a ni libre arbitre ni volonté, et qui se laisse manger par les chenilles de la création ? [36]

Malgré la nostalgie de l'héroïsme positif, qui se cache à peine dans ces phrases, Barbey d'Aurevilly a bien formulé les qualités négatives qui nous intéressent ici. Frédéric est en réalité une marionnette des événements, il ne prend pas activement part à ce qui arrive autour de lui, même pas à ce qui le concerne personnellement. Il est bousculé, entraîné, et n'agit que par laisser-faire.

Passif de caractère, il se trouve pourtant souvent mêlé aux activités d'autrui, d'où résulte une nouvelle forme de la confrontation entre le mouvement et l'immobilité. Ce conflit s'exprime dans le comportement du héros au moment où les événements extérieurs sollicitent une réaction de sa part. Plusieurs fois « *la grêle des faits du jour* » prend l'aspect des foules que l'auteur décrit métaphoriquement comme un flot ou un fleuve humain [37] quand il peint les masses humaines de 1841 et de 1848 dans les rues de Paris. Les foules, chez Flaubert, sont de préférence en mouvement, mues par une énergie impersonnelle et englobante provenant de leur propre sein. Cependant, dès qu'il en détache son héros pour le montrer au milieu de la cohue ou bien seul, en face d'elle, celui-ci, loin d'y participer ou de s'y opposer activement, ne fait qu'en subir l'excitation et les emportements. Saisi par cette poussée anonyme, Frédéric paraît totalement immobile. Non seulement la perspective narrative le montre toujours déjà engagé dans le mouvement fatal, mais encore la conception de son caractère lui dénie tout geste de révolte.

Quand il se trouve entouré de masses agitées, au lieu de résister et d'agir indépendamment, il se laisse pénétrer passivement, comme par une espèce d'osmose, de leur impulsion :

Frédéric, bien qu'il ne fût pas guerrier, sentit bondir son sang gaulois. Le magnétisme des foules enthousiastes l'avait pris.

(*ÉS*,293)

Frédéric, homme de toutes les faiblesses, fut gagné par la démence universelle. Il écrivit un discours, et alla le faire voir à M. Dambreuse.

(*ÉS*,300)

Voilà ce qui faisait peut-être, ce qui illustre en tout cas l'appréhension que Flaubert exprimait au sujet de son roman : « *J'ai peur que les fonds ne dévorent les premiers plans* » (*Corr.*,5, p. 363). La mise en relief traditionnelle du héros par sa propre activité et initiative est, en fait, démentie par son attitude passive, en raison de laquelle il risque vraiment d'être englouti par le flot des événements. Or, conscient de cette menace de dissolution, Frédéric essaie lui-même à maintes reprises de se soustraire à la détermination anonyme. Du moins, il aimerait gagner l'avantage d'une distance, mais, pris dans un mouvement qu'il ne détermine pas, l'indépendance du spectateur détaché ne lui est presque jamais accordée. C'est ainsi qu'il prend peu à peu l'habitude de compenser la faiblesse de sa participation aux événements par une attitude indifférente basée sur une espèce de distance intérieure. Nous le voyons donc, à l'occasion de la révolution de 1848, insensible au milieu de la mêlée : « *Un remous continuel faisait osciller la multitude. Frédéric, pris entre deux masses profondes, ne bougeait pas, fasciné d'ailleurs et s'amusant extrê-*

mement. Les blessés qui tombaient, les morts étendus n'avaient pas l'air de vrais blessés, de vrais morts. Il lui semblait assister à un spectacle. » (*ÉS*,288). Enfin, c'est la révolution tant rêvée par Frédéric et par le groupe de ses amis. Et, de fait, nous le trouvons dans les rues, au milieu des combattants ; mais, paradoxalement, le voici encore immobilisé de l'extérieur (« *pris entre deux masses profondes* ») et intérieurement passif. À l'instant qui le montre dans le contact le plus immédiat avec la réalité historique désirée, son regard transforme la fusillade en un spectacle amusant. Ce recul intérieur frappe du comique le plus amer ce qui devait être un engagement sérieux.

Frédéric gagne-t-il pour autant une certaine liberté ou supériorité par rapport à ce qui l'entoure ? Il est vrai qu'on peut considérer son détachement ironique comme une revanche prise sur toutes les forces de la contrainte, mais cette espèce de supériorité n'est pas sans ambiguïté, parce qu'elle ne cesse d'être l'expression d'une impuissance fondamentale. Ainsi donc l'image de ce héros distant et impassible, bien que bousculé par une foule agitée, ne fait que confirmer la figure paradoxale de l'immobilité dans le mouvement ; figure qui, dominant déjà le jeu de perspectives, s'avère être un élément de construction primordial dans *L'Éducation sentimentale*.

Les deux termes de l'opposition ne sont pas équivalents, cependant, et leurs rapports mutuels restent encore énigmatiques. Il semble toutefois que l'immobilité — avec toutes ses modalités concrètes dans le récit — soit la donnée essentielle et que, relativement à elle, l'élément dynamique prenne la valeur instrumentale d'une mise en scène. En fin de compte, sur tous les plans du récit, le mouvement aurait la fonction indispensable de rendre visible sa propre négation. L'abolition de toute activité constitue alors le centre de gravité du roman, et l'inanité de tout effort son message.

Si ces affirmations gardent un caractère hypothétique, il est certain que le conflit des deux éléments antagonistes peut figurer comme le principe générateur de la grande construction narrative que nous sommes en train d'analyser. La symétrie contradictoire de la mise en œuvre de l'immobile par la progression narrative et de la mise en question de toute progression par une inactivité radicale agit comme un système clos et auto-producteur et assure par là l'indépendance de l'œuvre par rapport à toute instance extérieure.

IV

L'IRONIE

S I le principe de la négation par l'affirmation et *vice versa* est à l'origine de l'architecture romanesque de *L'Éducation sentimentale*, comment se fait-il que, le résultat de son conflit interne étant nul, son exécution narrative soit un accomplissement positif ? Cette question nous amène à postuler une instance qui se situe en dehors de la négation réciproque et qui, en tant que conscience superposée aux deux termes de l'antagonisme, le domine en l'exécutant dans le texte littéraire. Cette instance coïncide avec la fonction d'auteur dont la mise à l'écart n'est possible que grâce au phénomène de l'ironie qui ajoute un aspect à la fois important et intriguant au problème de la présence invisible de notre auteur dans son œuvre.

Distant au milieu de la fusillade, Frédéric gagne une supériorité problématique, parce qu'elle implique le désaveu de ses projets, de sorte qu'il est frappé d'une aliénation qui le rend étranger à l'événement auquel il assiste. Le regard à la fois moqueur et fasciné qu'il porte sur la foule agitée qui l'englobe représente sa réaction impuissante en face de son entourage qui ne continue pas moins de le tenir prisonnier. La situation du héros réunit donc dans une simultanéité contradictoire la contrainte et la tentative de libération, la distance et le contact immédiat. Frédéric s'en trouve paralysé, parce qu'il est incapable de sortir de cette contradiction que l'auteur a choisi de lui imposer. Celui-ci, par contre, se situe au-dessus de son personnage et contrôle de son œil surplombant les deux pôles de l'opposition. C'est ainsi que s'ironise la réalité fictive à partir d'une instance qui ne s'y trouve pas impliquée.

L'ironie s'installe au fond même de *L'Éducation sentimentale*. Rendue explicite par une thématique « *hypertrophiée* » [38] dans la version de 1845, elle ne se manifeste plus qu'obliquement dans la version définitive. Le héros, qui en est la victime par excellence, souffre d'un déphasement chronique entre ce qu'il désire, rêve et toute situation donnée dans le réel. « *La composition en contrepoint* », relevée par Jacques Proust [39] sur le plan le plus général du roman, exprime la mise en œuvre de l'ironie dans la contexture narrative. À tous les moments et à tous les niveaux du roman nous retrouvons les marques d'un décalage fatal qui finit par jeter une lumière ironique sur le titre même.

Souvent chez Flaubert l'ironie adopte la forme de la ligne d'action à deux versants : un départ enthousiaste constitue la partie ascendante qui est suivie d'une chute sous forme d'un démenti railleur. Cette mise en échec ironique de l'élan prometteur se répète dans toutes les unités discursives du texte, que ce soit le chapitre, le paragraphe ou la phrase. Qu'on compare à titre d'exemple ces débuts et fin du même paragraphe :

La troupe de ligne avait disparu et les municipaux restaient seuls à défendre le poste. Un flot d'intrépides se rua sur le perron [...]. [...] la fusillade devenait plus pressée. Les marchands de vins étaient ouverts ; on allait de temps à autre y fumer une pipe, boire une chope, puis on retournait se battre. Un chien hurlait. Cela faisait rire.   (*ÉS*,288)

Les révolutionnaires attaquent un poste, leur enthousiasme se transforme en un élan énergique ; le paragraphe commence ainsi par un mouvement d'ascension — et se termine par une chute ironique. Avant qu'aucune décision ne s'annonce, le rire provoqué par un chien hurlant semble anticiper la futilité de l'effort révolutionnaire et anéantir l'action intrépide au moment de son déroulement par la suggestion d'une fin dérisoire. Voici une autre fin de paragraphe montrant le même décalage entre l'énergie déployée et le résultat à attendre : « [...] *et on attaquait maintenant le poste du Château-d'Eau pour délivrer cinquante prisonniers, qui n'y étaient pas.* » (*ÉS*,287). Relevons dans ce passage le changement de perspective qui nous permet d'approfondir l'analyse de l'effet ironique : l'auteur commence par nous montrer l'action et l'intention du sujet collectif *on*, ensuite il profite exceptionnellement de son omniscience pour dévoiler aux yeux du lecteur ce que le peuple enthousiaste ignore encore. Ainsi il prévoit et suggère que l'attaque sera vaine, tout en évitant d'en décrire explicitement le résultat négatif. À nous de conclure ; l'ironie de ce passage, en quelque sorte programmée dans la double information donnée par l'écrivain, ne se réalise que lors de la lecture. L'auteur ne fait que juxtaposer deux parties de phrase à perspectives différentes, c'est nous, par l'acte de lire, qui en actualisons et rendons explicite la contradiction ironique.

Lecteur et auteur se partagent ainsi la tâche de constituer l'univers fictif, celui-ci en fournissant le matériau verbal et sa texture narrative, celui-là en réalisant les relations internes par leur investissement dans un sens. Ils se rencontrent à mi-chemin dans le texte, ayant chacun sa part active. Cette modalité implicite de l'ironie entraîne une distribution inédite des fonctions narratives ; son aspect original, consistant en un engagement actif du lecteur, doit permettre l'effacement de l'auteur-narrateur et, de la sorte, renforcer l'autonomie de l'œuvre.

Mêlé à la foule révolutionnaire, Frédéric ne se mêle de rien, ni ne prend aucune initiative ; cependant, il se sent parfois entraîné à agir :

Frédéric fut ébranlé par le choc d'un homme qui, une balle dans les reins, tomba sur son épaule en râlant. À ce coup, dirigé peut-être contre lui, il se sentit furieux ; et il se jetait en avant quand un garde national l'arrêta.
— C'est inutile ! le Roi vient de partir.   (*ÉS*,288-9)

Ce texte illustre bien le passage de la passivité à l'activité, ou, plus exactement, il montre comment Frédéric, provoqué, réagit, parce que la cause lui vient de l'extérieur, concrétisée par ce combattant agonisant qui lui transmet le choc d'une révolution peut-être déjà agonisante elle aussi. C'est à ce moment qu'il va enfin agir, mais voilà que son élan est devenu inutile avant même d'avoir atteint un objet quelconque. Le Roi étant parti, son geste n'a plus de sens. C'est ainsi que l'auteur inscrit dans la progression narrative le déphasage ironique de son protagoniste.

Ces coups dans le vide ne cessent de se répéter à travers le roman. Nous avons vu qu'au moment où Frédéric — encore une fois provoqué — se décide à rompre avec Rosanette, elle lui annonce qu'elle est enceinte, ce qui renoue de plus belle leur liaison (*ÉS*,359-60). Plus tard, dans un accès de fureur, il accuse Rosanette de faire vendre les meubles des Arnoux ; mais ses imprécations tombent sur une innocente, parce que c'est la jalousie de Madame Dambreuse qui a incité cette vente (410). Souvent le décalage ironique du héros se traduit concrètement par un simple retard : « *C'était la faute de Frédéric ; il avait laissé passer le bon moment, il aurait dû venir plus tôt, remuer* » (387). Voilà la conclusion négative de sa carrière politique. Quant à sa carrière sentimentale, elle se termine de la même façon lorsqu'il arrive trop tard avec les

12 000 francs empruntés à Madame Dambreuse pour sauver la situation financière des Arnoux :

> — [...] Du reste, il n'est plus temps ; la plainte est déposée, et Arnoux est parti.
> — Seul ?
> — Non ! avec sa femme. On les a rencontrés à la gare du Havre. (*ÉS*,406)

Voilà comment il perd le grand amour de sa vie ; non que Madame Arnoux ne l'aime pas, mais « il n'est plus temps », tout simplement. Il a hésité trop longtemps, et maintenant qu'il veut agir, tout lui échappe à cause d'un retard à la fois insignifiant et fatal de quelques heures. La répercussion disproportionnée du banal sur l'idéal ne fait qu'accentuer l'ironie de cette scène.

Déjà à la fin de la deuxième partie du roman, dans le rendez-vous manqué de la rue Tronchet, cette perte de l'idole se trouve anticipée et l'inanité de tous les élans amoureux suggérée. Tous les antécédents semblent converger vers ce point de l'intrigue. L'intention et l'attente du héros se focalisent dans ce moment important qui doit enfin apporter la réalisation de son amour. Réalisation d'ailleurs prudemment préparée par lui-même qui est décidé à conjurer ainsi l'éternelle détermination anonyme de son sort pour en gagner le contrôle.

Cependant, à l'heure fixée pour le rendez-vous avec Madame Arnoux, son attente se prolonge. Pendant qu'il se morfond rue Tronchet, s'annoncent les débuts de la révolution qu'il a aidé à préparer. Une foule en émoi commence à défiler : « *Les amis de Frédéric étaient là, bien sûr. Ils allaient l'apercevoir et l'entraîner. Il se réfugia vivement dans la rue de l'Arcade* » (*ÉS*,278). Cette fois-ci, poursuivant son projet à lui, il refuse de se laisser entraîner par la foule. À son insu, il répond ainsi à une alternative surgie de la situation : ou bien l'action politique ou bien l'action sentimentale. La coïncidence des événements lui impose ce choix.

Frédéric a opté pour l'amour, mais son idole ne viendra pas. Tous ses efforts finissent par être déjoués par une série de coïncidences hostiles qui orientent le déroulement de cette scène de façon à creuser un abîme ironique entre l'intention et la réalisation. L'échec est d'autant plus mordant que non seulement il désavoue tous les projets du protagoniste mais il se solde par un renversement des positions de départ. Le fouet de l'ironie a balayé tous les espoirs. En plus de ne pas voir Madame Arnoux, Frédéric se trouve figé dans une attente vaine au moment où la révolution éclate à quelques pas de lui, et — ironie suprême ! — il finit par profaner avec une lorette le lieu préparé pour son amour idéal.

Pourquoi ce triple démenti de tous ses efforts ? Frédéric, en attendant rue Tronchet, fait des conjectures : « *Ce qui l'empêchait sans doute, c'était un hasard extraordinaire, un de ces événements qui déjouent toute prévoyance.* » (*ÉS*,280). Frédéric a raison, c'est la maladie inattendue et imprévisible du fils de Madame Arnoux qui a empêché sa mère de venir. Dans la logique interne de l'histoire cette maladie était nécessaire si Flaubert voulait maintenir intacte la distance infranchissable du désir. En préservant ainsi l'inaccessibilité de l'idéal, il a évité de donner une fin idyllique à ce chapitre.

Cette nécessité interne du monde fictif se manifeste de façon douloureusement abrupte pour le protagoniste qui la subit sans la comprendre. Quand Frédéric se décide enfin à prendre en main son propre sort pour le déterminer lui-même, une main invisible le prive des fruits de son attente et de ses préparatifs. Cette fois-ci il ne s'agit pas d'un fait découlant logiquement de ses (in)actions et le frappant comme par hasard, mais d'un véritable Hasard. Cette coïncidence à effet ironique « déjoue toute prévoyance » humaine qui, en termes de la réalité fictive, est celle des personnages ; même le lecteur cherchera en vain son explication dans les antécédents du roman. Cependant la lecture accomplie du roman nous permet de postuler un niveau de conscience supérieur à la réalité fictive, celui de l'auteur invisible, dont la logique prévoit l'inanité de toutes les démarches de Frédéric et qui n'en conçoit aucune sans en anticiper l'avortement. À l'enchaînement rigoureux et par là fatal s'ajoute ici une deuxième forme de fatalité : une intelligence impersonnelle et parfois cruelle à l'égard de son héros, qui intervient dans le récit sans jamais y être nommée [40].

Ourdie ironiquement par l'auteur de l'univers fictif, la coïncidence des faits frappe le héros aux moments décisifs de son histoire et crée toujours un dilemme ou une situation sans issue. Ces moments ne sont pas très nombreux mais toujours déterminants : Deslauriers, alors l'associé de rêves glorieux avec qui Frédéric aimerait conquérir Paris, survient juste le jour où le héros a sa première soirée chez les Arnoux ; dans ce contexte sa venue inopinée, loin de donner lieu à la joie, cause un embarras considérable (ÉS,44). La première invitation des Dambreuse, qui est d'une importance capitale pour les projets de Frédéric, s'annonce au moment où il s'apprête à aller à la fête de Madame Arnoux (ÉS,79) [41]. Chaque fois les deux événements simultanés sont prévisibles, sans que leur coïncidence le soit. La maladie d'Eugène, par contre, échappe à toute explication et à tout contrôle de la part des humains, personnages ou lecteurs. Elle constitue un « *avertissement de la Providence* » (283), comme l'interprète Madame Arnoux, d'ailleurs le seul personnage religieux du roman. Derrière cette providence il faut naturellement reconnaître l'auteur qui montre ici, pour une fois, les doigts maniant les ficelles du monde fictif.

On peut distinguer deux manifestations de l'ironie dans ce roman, les deux restant implicites : elle provient ou bien d'un déphasement du héros s'expliquant par ses propres fautes et omissions et renvoyant, en fin de compte, à son caractère, ou bien d'un Hasard miraculeux déjouant tout effort humain. Cette deuxième mise en œuvre de l'ironie ne fait que projeter le déphasement du héros à un niveau universel, on hésite à dire transcendant, parce que la présence d'une fatalité extérieure n'est jamais rendue visible dans le roman. Pourtant cette fatalité existe, incorporée dans l'agencement de l'intrigue, elle se concrétise parfois, par exemple dans la maladie d'Eugène, et jette Frédéric dans l'ironie la plus amère. Cet événement porte la marque la plus nette de l'intervention directe de l'auteur dans l'univers fictif. Il ne s'agit pourtant pas de ce qu'on appelle une intrusion de la part du romancier, bien au contraire, celui-ci évite de se nommer au moment où il décide si définitivement du sort de son héros. Dans la perspective de Frédéric, cela ne fait que rendre plus dépourvu de sens le monde dans lequel il vit. Tout ce qu'il perçoit, c'est que la main inconnue de la fatalité, qu'il se contente d'appeler *hasard*, met tous ses projets en échec avec une rigueur qui, pour lui, devient celle d'un univers absurde [42], et pour nous celle d'un univers clos dans lequel les mouvements et leurs démentis s'équilibrent parfaitement.

Nous touchons ici à un paradoxe profond du roman dit réaliste : le projet et l'effort flaubertiens de créer un univers fictif qui, abandonné à soi, soit aussi autonome que possible, comporte à la fois un élément de protestation contre ce Dieu inconnu qui laisse déchoir sa création dans l'imperfection et dans la souffrance, et l'orgueil de faire œuvre parfaite, même dans la représentation de déconvenues et d'échecs douloureux. Ainsi le romancier n'est pas seulement l'auteur de l'œuvre parfaite, mais aussi celui de toutes les imperfections qui constituent l'objet du récit, même s'il prétend ne faire que les représenter d'après le modèle de la vie humaine. C'est lui, en fin de compte, qui condamne Frédéric à une série ininterrompue d'échecs et qui devient, par conséquent, l'auteur de l'ironie aussi.

Dans les œuvres de jeunesse l'ironie se trouvait en quelque sorte neutralisée par sa fréquente thématisation qui la proposait au lecteur en objet de contemplation. *L'Éducation sentimentale* de 1869 en présente une modalité bien plus active, parce que l'histoire ne fournit au lecteur que l'objet ironisé sous forme de deux perspectives contradictoires dont l'effet est d'une part l'immobilisation du héros et d'autre part l'engagement du lecteur. Le sujet qui ironise, cependant, reste invisible ; mais nous sommes à même de l'identifier comme la conscience supérieure réunissant et dominant l'antinomie des deux perspectives. Ainsi l'auteur transcende sa propre création tout en la jetant dans l'ironie. Sa distance ironique sert de garantie d'autonomie à l'univers fictif (point de vue de l'auteur), en même temps qu'elle le condamne à la contingence la plus douloureuse (point de vue du protagoniste). Voilà l'aspect paradoxal de l'œuvre autonome, car le statut ironique de la fiction risque de trahir et d'accuser son auteur qui ne cesse de déjouer les efforts du héros par des coups sur la ficelle dont il prétend avoir libéré ses créatures fictives.

V

LA PART DU LECTEUR

BIEN QUE, sur le plan de l'histoire narrée, l'ironie frappe principalement le héros, sur celui de la technique narrative sa modalité implicite a des répercussions sur la distribution de toutes les fonctions du récit. Dans le triangle de la communication narrative narrateur—personnage—lecteur c'est la fonction de ce dernier qu'il est le moins aisé de déterminer, d'autant plus que, dans notre roman, Flaubert la maintient invisible, complémentairement à celle du narrateur. Nous proposons une brève analyse de la part échue au lecteur en deux pas ; d'un côté, par des considérations relevant de la perspective narrative, en étudiant la relation lecteur—personnage, de l'autre côté, par des questions portant sur quelques aspects stylistiques, en examinant la relation lecteur—auteur.

La perspective narrative détermine la vision que le lecteur peut avoir du monde fictif ; elle doit donc aussi définir son rapport avec le personnage. Or il est vrai que *L'Éducation sentimentale* se distingue par une exceptionnelle omniprésence du héros ; à la considérer de près, cependant, on s'aperçoit que cette présence s'affaiblit parfois et se fait intermittente. Pour s'en assurer, il suffit de rappeler certaines scènes, comme les soirées chez les Arnoux et chez les Dambreuse, le dîner que Frédéric donne chez lui, le bal masqué chez la Maréchale. En général Frédéric nous introduit dans des maisons, des salons, des salles à manger pour s'esquiver ensuite devant ce à quoi il nous fait assister. On s'attendrait à lui voir jouer un rôle important au milieu des amis qu'il a invités chez lui, mais il n'en est rien ; dès que tout le monde est à table, une longue discussion s'entame, pourtant sans la participation de l'hôte dont l'auteur rappelle tout juste la simple présence, deux ou trois fois (*ÉS*,138—42). Parfois la présence de Frédéric se limite longtemps à sa fonction de guide et de témoin qui, particulièrement au cours des soirées chez les Dambreuse, nous mène d'une pièce à l'autre :

En errant de groupe en groupe, il arriva dans le salon des joueurs [...]. (*ÉS*,158)

Sous l'abat-jour vert des bougies, des rangées de cartes et de pièces d'or couvraient la table, Frédéric s'arrêta devant une d'elles, perdit les quinze napoléons qu'il avait dans sa poche, fit une pirouette, et se trouva au seuil du boudoir où était alors Mme Dambreuse. (*ÉS*,160)

Dès que nous nous trouvons « *dans le salon des joueurs* » ou « *au seuil du boudoir* », Frédéric s'efface, parce que les discussions dans le salon et la description du boudoir nous sont communiquées sans que l'auteur fasse mention de sa présence. Il est rare que le héros y prenne une part active, d'ailleurs Madame Dambreuse lui fait une remarque à ce sujet : « *Elle comprenait qu'il ne jouât pas, ne dansât pas* » (*ÉS*,161). Au bal masqué de la Maréchale c'est aussi l'hôtesse qui lui rappelle son manque de participation : « *Et vous, monsieur* [lui dit-elle], *vous ne dansez pas ?* » (116). Son comportement est extrêmement passif, il est vrai, mais sa présence ne s'efface pas pour autant. Sans y participer, il ne cesse d'observer le spectacle qui l'entoure : « *Frédéric s'était rangé contre le mur, regarda le quadrille devant lui* » (115), suit une description des danseurs masqués, puis, plus loin :

« *Frédéric, mécontent de lui-même, et ne sachant que faire, se mit à errer dans le bal* » (116), suit une description du boudoir où il finit par entrer. La présence du héros est ininterrompue, mais — à l'exception du regard — elle se vide de toute activité et de toute substance autonome pour se faire purement instrumentale. Elle devient ainsi l'expression de la technique narrative permettant au lecteur ce que Victor Brombert appelle « *la vision par personne interposée* » (p. 62 [43]). Comme dans la scène initiale du roman, le héros « *reste debout à contempler* » (117), et l'auteur, en nous communiquant les choses principalement à travers les perceptions de Frédéric, nous place dans l'immédiateté de l'univers fictif. Nous n'avons pas le choix, la vision subjective du personnage nous est imposée, et la connaissance qui en résulte pour nous se rapporte moins aux objets de son regard qu'à sa façon de les percevoir.

Charles Du Bos parle, au sujet de *L'Éducation sentimentale*, de « *cette frise dont les personnages semblent toujours rentrer dans la pierre plutôt qu'en saillir* » (p. 177 [6]) ; cette image nous aide à comprendre le portrait en creux du héros grâce auquel Flaubert réussit à nous donner une perception si directe de l'univers fictif. Le personnage s'efface, se fait pure perspective et nous nous substituons à lui, par l'actualisation qu'est la lecture, en jouissant ainsi d'une immédiateté inouïe, mais en perdant en même temps notre distance de spectateur et de juge impartial. Nous ne nous trouvons que rarement en face de la scène ou du personnage, mais presque toujours dedans, ce qui fait que la distance analytique se perd et, d'objet, le héros se fait sujet pour nous, et nous pour lui. Nous essayons de déchiffrer son monde avec lui, même au lieu de lui. Jamais nous ne gagnons à son égard l'avantage du spectateur assistant à une leçon d'anatomie psychologique, ce que Ferdinand Brunetière semble regretter :

Lui, Flaubert, qui débrouille si bien les effets successifs et accumulés du milieu extérieur sur la direction des appétits et les passions du personnage, ce qu'il ignore, ou ce qu'il ne comprend pas, ou ce qu'il n'admet pas, c'est l'existence d'un milieu intérieur. Il ne conçoit pas qu'il y ait au-dedans de l'homme quelque chose qui fasse équilibre à la poussée, pour ainsi dire, des forces du dehors. (p. 191 [2])

Il s'agit là d'une incompréhension très éloquente de la part de Brunetière, plutôt que d'une incompétence de la part de Flaubert qui renonce consciemment à l'avantage qu'il pourrait avoir sur son personnage en analysant son milieu intérieur et ses pensées. Il abdique presque complètement ses privilèges divins de l'auteur perce-mur et perce-crâne. Zola, en disant d'un ton approbateur que le romancier « *ne dissèque pas devant nous la cervelle ou le cœur du patient* » (p. 209 [33]), semble avoir mieux compris la particularité de cette technique narrative que Brunetière.

La mise en œuvre d'un héros à la fois présent et éclipsé par moments entraîne une modification décisive sur le plan de la communication narrative. En faisant coïncider notre perspective avec celle du héros, Flaubert nous associe de la façon la plus immédiate aux perceptions et connaissances de Frédéric. Par le portrait en creux de son personnage il crée une forme vide qui définit notre participation au monde fictif. La fonction du lecteur se trouve activée de façon contradictoire, parce que l'effacement du héros devant l'objet qu'il contemple consolide notre activité dans le roman tout en nous imposant, par cette vision subjective des choses, l'adoption passive du point de vue d'autrui. Le texte de *L'Éducation sentimentale* prévoit donc pour le lecteur une espèce d'empiètement forcé sur la part du personnage et oriente la lecture dans le sens d'un engagement accru mais passif. Le monde fictif s'affirme de façon autonome comme une réalité englobante qui est toujours déjà là et qu'on ne connaît jamais dans sa totalité, parce que son commencement et sa fin nous échappent au cours de la lecture.

S'il est vrai que le lecteur, obéissant aux dispositions d'une technique narrative, est souvent limité à la perspective subjective du héros pour connaître le monde fictif, sa part ne se réduit pas à cette participation passive. Il est libre de se situer au-dessus de la conscience des personnages et d'envisager leurs connaissances, perceptions, idées comme l'objet de sa propre conscience détachée. Participant, il devient aussi commentateur par son effort de s'expliquer et de comprendre ce à quoi il assiste. Il est intéressant de voir que, dans *L'Éducation sentimentale*, cette activité interprétative est loin d'être abandonnée au gré du lecteur, au contraire, l'auteur l'a savamment déterminée dans son texte. Il s'agit maintenant de retracer cette espèce de programmation implicite, et, pour ce faire, il sera nécessaire de jeter un coup d'œil sur deux particularités du style flaubertien.

La « Querelle littéraire sur le style de Flaubert »[44], qui opposait notamment Albert Thibaudet et Marcel Proust, a fait ressortir deux positions très marquées et apparemment contradictoires. Thibaudet insiste sur ce qu'il résume dans cette phrase : « *Flaubert paraît dans la langue le maître de la coupe ; nul n'a de virgules plus significatives, d'arrêts de tous genres plus nerveux.* » (p. 79[44]), tandis que Proust, concluant une étude sur le style du même auteur, en souligne un aspect bien différent : « *Et il n'est pas possible à quiconque est un jour monté sur ce grand Trottoir Roulant que sont les pages de Flaubert, au défilement continu, monotone, morne, indéfini, de méconnaître qu'elles sont sans précédent dans la littérature.* » (p. 194[12]). Discontinuité nerveuse d'une part, continuité monotone de l'autre — l'opposition se fait paradoxale et paraît soulever un problème sans solution possible. Problème qui est d'autant plus central que, d'après le témoignage de Flaubert, le style constitue la pierre de touche de son art littéraire. Dans sa propre quête de l'œuvre autonome, il lui attribue un rôle primordial, voulant réaliser « *un livre sans attache extérieure, qui se tiendrait de lui-même par la force interne de son style* » (*Corr.*,2, p. 345). Le travail stylistique se conçoit donc en fonction du statut indépendant de l'œuvre.

Proust ne manque pas de révéler les moyens de style les plus frappants dont le concours justifie son image du Trottoir Roulant [45] : les enchaînements pronominaux, l'emploi — et parfois l'omission — du *et*, l'emploi des adverbes et d'autres éléments lexicaux qui ont en commun plutôt de dire explicitement la continuité au niveau sémantique du discours que de fonder implicitement l'expérience d'un flux continu tel que la lecture nous le fait percevoir. Cette dernière fonction est remplie principalement par « *cet éternel imparfait, composé en partie des paroles des personnages que Flaubert rapporte habituellement en style indirect pour qu'elles se confondent avec le reste* » (p. 198 [12]). Flaubert est, en fait, l'artiste de l'imparfait narratif, il a su s'en faire un instrument systématique dans le roman à la troisième personne. Il a bien reconnu et a réussi à actualiser dans tous ses textes narratifs la valeur aspectuelle propre à ce temps grammatical, valeur qui consiste à rendre l'action du verbe dans une durée inaccomplie, correspondant à l'expression adverbiale *en train de*. Cela explique comment la prédominance de l'imparfait peut contribuer à transformer le roman en un large ruban ininterrompu que l'on déroule, ce mouvement étant particulièrement lent et toujours imparfait dans *L'Éducation sentimentale*.

L'imparfait sert aussi à établir le fond descriptif dont se détachera l'action grâce au contraste créé par la différence par rapport au passé simple. Or, si un narrateur accorde la priorité à l'imparfait, il élimine bien des contrastes et risque de voir son style qualifié par les quatre adjectifs employés par Proust : *continu, monotone, morne, indéfini.* Pour Flaubert, cependant, cela n'est pas un blâme, parce qu'il a consciemment recherché cet effet en prenant soin de n'accorder trop de relief à quoi que 'ce soit dans le déroulement du récit. D'où, comme il dit lui-même, « *la haine que j'ai du dialogue dans les romans* » (*Corr.*,5, p. 294). En fait, un grand nombre des imparfaits employés par Flaubert s'attribuent aux procédés du style indirect et du style indirect libre dans lesquels il transpose et rapporte souvent les paroles ou pensées de ses personnages. Comme la parole rendue en discours direct est une représentation sortant du flux et du plan unique de la narration pure [46], et que tout discours direct rend visible l'activité d'un narrateur chargé de la mise en scène, il faut l'éviter ou du moins l'employer avec parcimonie dans un récit qui veut donner l'impression de s'organiser soi-même.

L'analyse linguistique du discours indirect libre montre qu'il permet au sujet locuteur de glisser son point de vue dans l'énoncé, et il n'y a pas de doute que le romancier s'en sert pour insinuer sa propre perspective dans celle de son personnage ; il transforme sa présence dans le roman en une « *présence stylistique* » (p. 62 [43]), mais la rend-il pour autant plus visible ? Dans ses deux livres sur Flaubert, Victor Brombert a accordé une place importante à cette question. Il parle, au sujet du style indirect libre, d'un « instrument d'intervention », de la « *nature ambiguë* » des intrusions chez Flaubert, de l'ambivalence et de la duplicité stylistiques [47]. Et, à titre de conclusion, il réunit les deux aspects du style indirect libre : « *Instrument d'impersonnalité, ce procédé consistant à escamoter tout antécédent pronominal permet également d'installer l'auteur, en le camouflant, au centre de son personnage.* » (p. 115 [43]). D'une part le style indirect libre peut être considéré par le critique comme un instrument d'intervention qui affirme la présence de l'auteur dans son œuvre. D'autre part il rend cette présence insaisissable, parce que, en tant qu'instrument d'impersonnalité, il entraîne — toujours d'après Victor Brombert — une « *fusion de points de vue.* », « le télescopage du point de vue de l'auteur avec celui des personnages » et fonde cet « état permanent d'immersion » de l'auteur dans son ouvrage[48]. Fusion, immersion — on aurait de la peine à trouver des termes plus appropriés à exprimer l'absorption de l'énonciation dans l'énoncé[49], c'est-à-dire à confirmer l'invisibilité de l'auteur. Voilà l'aspect du style indirect libre qui intéresse dans le cadre de cette étude. Flaubert aime se servir de ce procédé stylistique, parce qu'il lui permet de réduire la dualité des niveaux fictifs dans le récit à un seul : celui de l'énoncé dans lequel s'agglomère alors la complexité des perspectives et des fonctions, que l'analyse démêle mais que le lecteur perçoit de façon synthétique. Toute hiérarchisation des niveaux fictifs disparaît, puisque l'énonciation ne se met pas en scène comme une instance superposée à la matière relatée.

Vu ces préoccupations de style concourant à l'établissement d'un niveau fictif unique, il est évident que Flaubert, de temps en temps, a peur que son roman, et surtout les premiers plans dans ce roman, manquent de relief. Pourtant il travaille à éliminer toute saillie qui pourrait interrompre la voix pure et continue de la narration. Le style est donc à la base même de cette impression de fluidité du discours narratif qui caractérise *L'Éducation sentimentale*. La lecture ne révèle pas seulement cette continuité lente et parfois engluante, mais, grâce à la fusion des trois fonctions narratives, elle y enferme le lecteur qui la subit péniblement. C'est dans ce sens que s'explique l'adjectif *hermétique* dont se sert Proust en parlant de « *l'étroite, l'hermétique continuité du style* » (p. 195 [12]).

Cependant, en suivant de près la lente transformation que subit le texte par le travail stylistique de Flaubert[50], on dirait qu'elle tend à détruire cette continuité, parce qu'il s'agit d'un travail de resserrement qui vise la concision et l'économie narratives. L'auteur rend les coupes plus précises et plus dures en éliminant d'innombrables protases rythmiques ; les victimes les plus fréquentes de ce processus de condensation sont des mots comme *mais, et, alors, puis, cependant, enfin, aussitôt,* etc. Or tous ces mots en tête de phrase, de préférence des conjonctions ou des adverbes, relient et ordonnent les idées plutôt qu'ils ne les expriment. Ce sont des outils grammaticaux de liaison, faisant partie du réseau logique de la langue, réseau qui est chargé de l'organisation explicite des différentes parties de la phrase et de l'expression de leurs rapports réciproques.

Il est intéressant de trouver la plupart des éléments éliminés par Flaubert classifiés chez Harald Weinrich comme des signes macrosyntaxiques de la narration[51]. Leur apparition dans un texte, souvent combinée de façon redondante avec les temps verbaux du récit, est un indice de sa qualité narrative. Or, sous ce point de vue, leur suppression conséquente par l'auteur est une preuve de la connaissance remarquablement détaillée qu'il avait des données linguistiques concourant à la constitution du texte narratif. C'est que, par ce remaniement stylistique, Flaubert a évité la redondance des signes de la narration, de manière à réaliser une plus grande économie des éléments du discours narratif. Et par là même il demande une plus grande attention active de la part du lecteur.

L'élimination d'un grand nombre de liaisons explicites aboutit à un style parataxique qui, s'ajoutant au procédé de la juxtaposition sur le plan épisodique, nous fait percevoir le roman comme une réalité fragmentée :

[...] l'auteur ne tente aucun effort pour vaincre, par un processus quelconque, le morcellement de la réalité extérieure en fragments hétérogènes et vermoulus, ni davantage pour suppléer au manque de liaison et de symboles sensibles par une peinture lyrique d'états d'âme : les morceaux du réel restent simplement juxtaposés dans leur dureté, leur incohérence, leur isolement.   (p. 123 [4])

Georges Lukács résume ainsi les conséquences de la parataxe. Mais il y a plus ; non seulement Flaubert « *ne tente aucun effort pour vaincre le morcellement de la réalité extérieure* », mais encore il travaille consciemment à faire disparaître les liaisons logiques entre les « *morceaux du réel* » dans le roman. En rejetant particulièrement des conjonctions et des adverbes, il prive les phénomènes et actes décrits dans le récit d'une organisation explicite autre que celle de la simple succession ; il écarte ainsi la complicité avec le critique qui veut fonder son interprétation de l'œuvre sur des indices explicites fournis par l'auteur au cours de son récit. Le silence de la voix d'auteur s'observe donc aussi sur le plan de la syntaxe narrative. Le travail de style dans *L'Éducation sentimentale* approfondit et aggrave le refus de révéler le sens de l'univers fictif à travers le processus de sa création même. Ainsi le récit de la vie de Frédéric Moreau ne fait que se dérouler, se dire, mais ni cette vie ni le récit même ne s'expliquent en même temps ; contrairement à la plupart des romans de Zola qui organise ses récits d'après des idées scientifiques qui préexistent au texte narratif, qu'il s'agit d'y prouver et qui se trouvent, d'une façon ou d'une autre, explicitement intégrées dans ses romans.

Or, les blancs qui séparent les mots, les parties de phrase et les épisodes du roman, ce manque de lié dont parle Charles Du Bos (p. 167 [6]), ne créent-ils pas un contre-courant au mouvement continu ? Ce n'est, en réalité, pas la progression de la voix narrative qui est interrompue. Bien au contraire, son déroulement régulier ne saurait être plus consistant, tandis que ses objets, les événements, pensées et choses s'inscrivant sur ce ruban narratif, se succèdent de façon discontinue. Leur juxtaposition dans la succession ne cache pas le fait qu'ils se trouvent séparés par des vides et par des ruptures souvent ironiques. Cependant, la discontinuité et l'ironie marquant le rapport entre les faits narrés sont réalisées dans le texte sans jamais accéder au statut d'une thématisation. Voilà ce qui fait du lecteur le complice de l'auteur, parce que son attitude purement réceptive se change en activité quand il s'agit de suppléer les liens logiques entre les informations que le romancier ne fait qu'aligner le long du parcours textuel.

Ce renforcement du rôle du lecteur n'est pas sans ambiguïté, parce que l'auteur qui, apparemment à ses propres dépens, accorde à son lecteur un rôle si important, lui impose en même temps une mise à contribution accrue. Le même phénomène, dans la perspective de l'auteur, apparaît à la fois comme un renoncement et un effort de resserrement stylistique. Bannir de la construction syntaxique une grande partie des liaisons temporelles, causales, finales, consécutives, adversatives (p. 146 [5]), c'est, en réalité, travailler à sa propre invisibilité en excluant du texte les éléments représentant l'acte de sa propre production, parce que les rapports logiques relèvent de l'intelligence du producteur et nous permettent de reconnaître ce dernier comme une instance détachée et superposée à la réalité fictive. Son refus d'admettre cette identification a pour conséquence sur le plan stylistique que le lecteur est chargé de suppléer une grande partie du réseau explicatif et organisateur que la syntaxe française met à la disposition de tout romancier mais dont Flaubert n'a profité qu'avec une extrême retenue.

Le style parataxique entraîne donc un déplacement du partage entre les fonctions complémentaires de l'auteur et du lecteur — les deux étant implicites dans notre texte — en faveur d'une part plus active pour le lecteur. Ce n'est pas que l'organisation logique manque dans *L'Éducation sentimentale*, l'agencement du récit la détermine d'une façon précise, mais elle ne s'explicite souvent qu'au moment de la lecture. Par cette mise à contribution du lecteur, qui, en l'absence de liaisons, explications, jugements, est appelé à relier, expliquer, juger, Flaubert arrive aussi à exclure des éléments redondants du récit et à perfectionner ainsi l'économie du discours narratif.

La façon dont Flaubert a conçu et réalisé son roman requiert une double participation de notre part. D'un côté notre rôle se trouve assimilé à celui du sujet-personnage. La perspective intérieure, ajoutée à la progression lente et continue du discours narratif, nous impose une perception immédiate et passive du monde romanesque. Nous découvrons l'univers fictif avec et souvent à travers le héros, « *au hasard, éperdus, entraînés* » (*ÉS*, 50) comme lui. De l'autre côté la fragmentation consciente de la réalité fictive nous force à prendre une attitude active qui nous rapproche de la position du sujet-auteur. Car, si nous sommes plongés dans cette séquence morcelée d'événements, nous essayons en revanche, par un réflexe de lecteur involontaire, d'en comprendre l'enchaînement logique. En fin de compte c'est nous qui, à la place de l'auteur qui s'efface derrière sa fiction, décidons du sens ou du non-sens de la vie de Frédéric.

C'est ainsi que, ayant prévu la participation du lecteur à deux niveaux de conscience superposés, l'auteur inscrit l'ironie du roman en nous. Simultanément associés du protagoniste et complices de l'auteur, nous sommes à même de sonder et de connaître la distance qui sépare le sujet qui ironise de l'objet qui est ironisé. Nous ne pouvons nous soustraire à cette connaissance, parce que, lecteurs actifs, nous ne sommes pourtant pas des lecteurs libres ; le sens que nous croyons donner de notre part à cette *Histoire d'un jeune homme*, il en fait déjà partie, étant en quelque sorte programmé comme une donnée textuelle implicite que notre participation fait accéder à l'état explicite.

Dans *L'Éducation sentimentale* le clivage articulant le passage de l'écriture à la lecture ne coïncide pas avec la différence entre la production et la réception, parce que le lecteur est forcé d'assumer une part active considérable. Aussi toute lecture comporte-t-elle un engagement presque involontaire et exclut-elle l'indifférence, ce qui explique les réactions véhémentes que ce roman a provoquées et que son histoire a enregistrées. Les réactions sont négatives ou positives selon la faculté du lecteur de ne faire qu'éprouver les frustrations de Frédéric ou de comprendre aussi que ce sentiment de frustration devient l'objet ironisé par une conscience à laquelle il participe en explicitant le réseau des rapports internes du texte. C'est en réunissant ces deux vues que le lecteur parvient à connaître la perfection et l'autonomie du roman qui est ce lieu clos où se déroule un mouvement aveugle qui apparaît toujours déjà dans la lumière de sa propre inanité.

CONCLUSION

CETTE étude, entreprise simultanément à partir de deux positions extérieures au texte, le sentiment de fatalité du lecteur et le dogme d'invisibilité de l'auteur, nous a permis d'élucider bien des liens qui participent à la contexture de *L'Éducation sentimentale* sans apparaître à sa surface textuelle. Si l'ensemble de ces liens révèle d'une part la complexité de l'univers fictif, l'intelligence de ses rapports internes nous autorise d'autre part à reconnaître un de ses aspects unificateurs : son autonomie en tant qu'œuvre littéraire.

l'autonomie : point de convergence

Nous nous trouvons en face d'un roman dépouillé de la plus grande partie des éléments qui déclarent et identifient sa cause première, le producteur de l'œuvre. Sur tous les plans de l'énoncé narratif les causes se dissimulent, et la question du pourquoi ne fait que renvoyer à un éternel « déjà-là ». La création apparaît comme séparée de son créateur, l'histoire de sa production étant supprimée ; faute d'être mentionnée, son origine se fait mystère et disparaît dans l'ignorance. Pourtant cet effacement n'a rien de négatif, en tant que disparition de la causalité extérieure, il devient le premier pas vers le statut autonome de l'œuvre.

Parallèlement la causalité intérieure s'accentue. Elle se manifeste principalement dans l'axe de la succession narrative par un enchaînement des faits rigoureusement déterministe ; ce qui renforce la cohésion interne du texte et, par ce fait, contribue à son autonomie. Cependant, l'enchaînement ne devient jamais accumulation positive, ni n'aboutit à aucun succès de la part du héros. L'analyse de la ligne à la fois chronologique et causale de l'histoire montre que les chaînons narratifs sont des unités à composition antinomique. Aussi, quelle que soit l'étendue du segment de texte considéré, son résultat interne est-il toujours nul, parce que les deux termes ou moments s'opposant à son intérieur s'équivalent toujours. Ce principe de construction dichotomique engendre en même temps un procédé d'auto-destruction et d'auto-production, parce que la répétition de l'échec nourrit l'espoir et, en orientant l'attention vers l'avenir fictif, ne cesse de relancer l'action sans qu'aucune intervention extérieure ne soit nécessaire.

Flaubert emploie l'instrument de la perspective narrative de façon à nous enfermer dans l'univers de Frédéric Moreau. La perception immédiate, subjective et non-privilégiée qu'il nous impose ainsi du monde fictif semble douer les phénomènes d'une énergie autonome, du moins tant que nous acceptons de nous limiter à cette perspective naïve. Par contre, si le lecteur se détache du personnage pour gagner la distance indispensable à son activité interprétative, il ne fait tout d'abord que transposer sur le plan explicite le réseau de rapports logiques que l'auteur a sciemment renoncé à exprimer mais qui ne se trouvent pas moins déterminés par l'agencement des parties du texte. Le fait que cette double participation du lecteur est inscrite dans la narration même sans aucun recours à la technique de l'intrusion d'auteur affirme encore le pouvoir autonome du corps verbal constituant l'univers fictif.

Voilà les principaux aspects de *L'Éducation sentimentale* concourant à réaliser l'autonomie de l'œuvre. Leur convergence serait-elle fortuite ? — nous penchons plutôt à y reconnaître la mise en œuvre d'une poétique, la même d'ailleurs que nous trouvons déclarée en fragments dans la *Correspondance* de l'auteur.

la poétique de l'œuvre autonome

En postulant un art « *complet en lui-même, indépendant de son producteur* » (*Corr.*,2, p. 379), Flaubert a explicitement arrêté l'articulation principale de cette poétique. Seulement, les deux qualités requises par lui, qu'impliquent-elles, et quel est leur rapport mutuel ? Notre analyse nous a fourni les éléments permettant de formuler une réponse succincte.

Sans entrer dans la problématique de l'identification biographique, on conçoit facilement que tout texte littéraire peut comporter une référence à l'histoire de sa propre production. Dans le récit cette mention de la cause productrice se manifeste en général sous forme d'un niveau de fiction, représentant l'énonciation, qui se superpose à celui de l'énoncé narratif, et qu'on peut considérer comme la figuration de la dépendance extérieure du texte.

Or le premier principe de l'œuvre autonome exige ce que Mallarmé appellera « *la disparition élocutoire du poète* »[52]. L'auteur doit travailler à se rendre invisible, lui-même ainsi que son activité créatrice, et couper toutes les attaches extérieures du texte. L'œuvre résultant de cet effort de dissimulation se montre dépourvue de toute dépendance, parce que sa propre origine se dérobe au lecteur, mais elle n'est pas encore autonome pour autant, tout au plus « *suspendue dans l'infini* » (*Corr.*,2, p. 379).

Pour l'accomplissement de l'autonomie il faut que des qualités positives viennent s'ajouter à cette négation initiale qui ne peut figurer que comme une condition de l'indépendance qu'il s'agit encore de réaliser. D'où le deuxième principe : l'œuvre doit, par la vertu de sa propre structure, se montrer capable de « *se tenir sur les pieds* » (*Corr.*,5, p. 277). Il faut donc répondre à l'élimination des attaches extérieures par un renforcement de tout ce qui contribue à assurer la cohérence intérieure. La contexture sans faille d'un ensemble où tout se tient devient alors le principal garant de l'autonomie pour l'univers fictif abandonné à soi. Indépendant de toute référence qui le transcende, un système de relations internes est appelé à fonder la consistance du corps textuel de façon à le rendre « complet en lui-même ».

La disparition de la causalité extérieure et la consolidation de la cohérence intérieure s'avèrent être deux aspects complémentaires de l'œuvre autonome. Plus les procédés pour rendre la production et le producteur invisibles affirment l'indépendance de l'œuvre, plus le réseau de ses relations internes doit se solidifier pour éviter que cette absence de liens originels n'apparaisse comme une faiblesse.

Un troisième principe, découlant des deux premiers, achève cette esquisse de l'œuvre autonome : celui de sa clôture. Le mouvement de la référence s'inscrit dans la figure du cercle et devient auto-référence. La fin renvoie au début qui, à son tour, anticipe la fin. La même réciprocité des rapports doit se retrouver à tous les niveaux, et tous les segments binaires se construisent de façon à maintenir l'équilibre des renvois internes. L'antagonisme fondamental de *L'Éducation sentimentale* en fournit l'exemple modèle : le mouvement et l'immobilité ne cessent de se contredire tout en se désignant. Finalement la seule progression réelle est celle du discours narratif qui s'oppose à l'inertie insurmontable du héros ; cela équivaut à une affirmation de la réalisation artistique du texte et consacre l'insignifiance du sujet qui se voit reléguée dans la fonction de permettre la mise en œuvre du système clos et autonome qu'est l'œuvre d'art. C'est ainsi que l'art se suffit à lui-même et ne fait référence qu'à sa propre perfection.

l'autonomie problématique

La poétique que nous venons d'esquisser représente une espèce d'utopie dans le domaine de l'esthétique, car le principe de l'indépendance de l'œuvre par rapport à son producteur suscite des problèmes de réalisation. Invisible ou non, la présence de l'auteur constitue toujours une donnée incontestable du texte, d'ailleurs analogue à l'énonciation qui, pour se trouver absorbée dans l'énoncé, n'en représente pas moins l'acte producteur de l'œuvre littéraire. Ce qui adopte le mode d'expression implicite n'est pas inexistant pour autant ; aussi le niveau de fiction unique, dans *L'Éducation sentimentale*, ne fait-il pas disparaître l'axe vertical qui relie les niveaux de fiction superposés, tels que nous les trouvons par exemple dans *Jacques le fataliste*, et sur lequel s'inscrit la causalité extérieure du texte.

Aucun système, quelle que soit sa cohérence interne, ne se tient de soi, il lui faut un point de référence où il soit ancré et à partir duquel il puisse se construire. Pour l'œuvre littéraire cette position centrale est occupée par la conscience qui l'a conçue — mais quel est son statut dans le texte si elle refuse de s'y attribuer une part explicite ? On pourrait alors la comparer à un point de fuite, invisible, il est vrai, mais dont on peut déterminer le lieu exact à partir de l'œuvre visible.

Dans *L'Éducation sentimentale* c'est l'ironie qui nous permet particulièrement bien d'exécuter cette détermination. Le texte ne donne que l'objet ironisé, mais les deux termes antagonistes dont cet objet se compose demandent une instance figurant comme sujet de l'ironie. Le lecteur arrive ainsi à postuler une conscience qui se situe au-dessus de la dichotomie de l'énoncé et qui domine l'objet ironisé en le représentant dans la perfection de la succession narrative. Celle-ci, et plus généralement le discours ironique, ne sont pas ironisés à leur tour, parce qu'ils ne figurent pas comme objet mais comme instrument, dont la mise en question invaliderait l'ironie elle-même.

Grâce à l'ironie nous sommes donc à même à la fois de reconnaître les éléments d'une poétique implicite, celle de l'œuvre autonome, et d'en déclarer le caractère utopique. D'un côté sa modalité implicite contribue à maintenir l'auteur invisible dans son œuvre. Sa construction antinomique participe de la composition binaire de l'œuvre et renforce ainsi sa cohérence interne. En plus son action négative frappe surtout le héros et ses entreprises, d'où l'inconsistance du sujet qui s'oppose alors à la perfection du discours. De l'autre côté, par un effet des plus ambigus, c'est le phénomène de l'ironie aussi qui met en question l'indépendance de l'œuvre en instituant l'auteur comme une instance supérieure à sa propre création et comme la conscience qui fonde la cohérence et le déroulement du texte dont il a banni sa propre apparition.

(Zurich 1974)

NOTES

1. Paris, Société des Belles Lettres, 1942, 2 vol.

2. Ferdinand BRUNETIÈRE, *Le Roman naturaliste* (Paris, Calmann-Lévy, 1886).

3. Henry JAMES, dans son article sur Flaubert, recueilli dans *The Future of the Novel* (New York, Random House, Vintage Books, 1956), p. 139 : « L'Éducation sentimentale *is a strange, an indescribable work, about which there would be many more things to say than I have space for, and all of them of the deepest interest. It is moreover, to simplify my statement, very much less satisfying a thing, less pleasing whether in its unity or its variety, than its specific predecessor. But take it as we will, for a success or a failure — M. Faguet indeed ranks it, by the measure of its quantity of intention, a failure, and I on the whole agree with him [...].* »

4. Georges LUKÁCS, *La Théorie du roman* (Genève, Éditions Gonthier, « Bibliothèque Médiations », 1963).

5. Hugo FRIEDRICH, *Drei Klassiker des französischen Romans* (Frankfurt am Main, Klostermann, [2e éd.] 1950).

6. Charles DU BOS, *Approximations* I (Paris, Plon, 1922).

7. Guy MICHAUD, *L'Œuvre et ses techniques* (Paris, Nizet, 1957), p. 119.

8. *Romananfänge, Versuch zu einer Poetik des Romans*, publié sous la direction de Norbert MILLER (Berlin, Literarisches Kolloquium, 1965).

9. Ce composé réunit deux fonctions narratives pour exprimer la nature ambivalente du Je qui raconte, interrompt, discute, commente et invente les aventures de Jacques et de son maître, et qui adopte à tour de rôle une attitude d'auteur (cf. sa formule : *il ne tiendrait qu'à moi de...*) et de narrateur (cf. sa formule : *le fait est que...*). Cette différence ne fait pas l'objet de cette étude, et les deux aspects se trouveront par la suite inclus dans la fonction d'auteur.

10. Cf. Hermann Peter PIWITT, « Poetische Fiction, Wirklichkeitsauffassung und Erzählerrolle im neueren Roman », p. 177 in *Romananfänge..., op. cit.*

11. J'adopte la terminologie de Simone Lecointre et Jean Le Galliot qui l'ont employée dans leur article « L'Appareil de l'énonciation dans *Jacques le Fataliste* » (*Le Français moderne*, 40, 3, juill. 1972, pp. 222—31).

12. Marcel PROUST, « À propos du "style" de Flaubert » in *Chroniques* (Paris, Gallimard, 1927).

13. Cf. le début de *Jacques le fataliste* où Diderot prévient exactement ce genre de questions de la part du lecteur en les posant lui-même, et, du reste, en refusant d'y répondre.

14. Cf. la page que Michel Le Guern (*Sémantique de la métaphore et de la métonymie* [Paris, Larousse, 1973], p. 105) consacre à l'emploi de la métonymie chez Flaubert, particulièrement dans *L'Éducation sentimentale*.

15. Jean ROUSSET, « Madame Bovary ou le livre sur rien », in *Forme et signification* (Paris, José Corti, 1962).

16. Léon CELLIER, *Études de structure* (Paris, Lettres Modernes, « Archives des lettres modernes », 1964).

17. On peut comparer le véhicule chez Flaubert au cheval symbolisant le moteur du mouvement et par là du déroulement narratif dans *Jacques le fataliste*.

18. Voici, à ce sujet, quelques passages tirés de *Novembre* :
« *J'ai d'abord marché* [...] *je ne songeais à rien, j'écoutais le bruit de mes pas, la cadence de mes mouvements me berçait la pensée. J'étais libre, silencieux et calme* [...]. » (I, p. 256b).
« *Je fus pris alors d'une joie immense, et je me mis à marcher comme si tout le bonheur du ciel m'était entré dans l'âme.* » (I, p. 256b).
« *Je marchais légèrement, fièrement, content, libre* [...]. » (I, p. 260b).

19. Cette valeur symbolique du fleuve est déjà très marquée dans *Novembre* où elle s'exprime dans cette vision funèbre du narrateur qui se trouve sur le Pont-Neuf et regarde la Seine : « *Quel tombeau froid et humide ! comme il s'élargit pour tous ! comme il y en a dedans ! ils sont là tous, au fond, roulant lentement avec leurs faces crispées et leurs membres bleus ; chacun de ces flots glacés les emporte dans leur sommeil et les traîne doucement à la mer.* » (I, p. 256a).

20. Michel RAIMOND, « Le Réalisme subjectif dans *L'Éducation sentimentale* », *Cahiers de l'Association Internationale des Études Françaises*, 23 (1971).

21. Causerie publiée par Zola dans *La Tribune*. Cité dans : Martin KANES, *L'Atelier de Zola, Textes de Journaux 1865—1870* (Genève, Droz, 1963), p. 209.

22. D'ailleurs cette ambiguïté se trouve explicitement esquissée dans les *Œuvres de jeunesse*. Voici, à titre d'exemple, deux textes tirés de *Mémoires d'un fou*, dont chacun exprime une des attitudes contradictoires :
Être comme Dieu : « *À l'évocation d'un nom tous les personnages reviennent, avec leurs costumes et leur langage, jouer leur rôle comme ils le jouèrent dans ma vie, et je les vois agir devant moi comme un Dieu qui s'amuserait à regarder ses mondes créés.* » (I, p. 240a).
Dépasser Dieu : « *J'avais un infini plus immense, s'il est possible, que l'infini de Dieu* [...]. » (I, p. 231a).

23. Roland BARTHES, « Introduction à l'analyse structurale des récits », *Communications*, 8 (1966), p. 10.

24. Germaine Brée propose en anglais un couple de substantifs encore plus assonnant : « *sequence and consequence* ». Cf. son article « Time Sequences and Consequences in the Gidian World », *Yale French Studies*, 7, 1951, pp. 51—9.

25. Cf. Germaine BRÉE, *loc. cit.*, p. 54.

26. C'est un des rares commentaires que Flaubert fait sur le caractère de son héros (*ÉS*,69).

27. Cf. Léon Cellier (*op. cit.*, p. 4) qui montre que l'apparition d'amis ennemis, de couples symétriques, etc. fonde une véritable « *vision binoculaire* » dans le roman.

28. C'est Jacques Proust qui formule cette opposition dans son article « Structure et sens de *L'Éducation sentimentale* », *Revue des sciences humaines*, 125—128 (1967), p. 86.

29. C'est dans ce sens que j'adopterais la formule paradoxale de « *self-destructive continuity* » que Victor Brombert emploie en parlant de *L'Éducation sentimentale*, dans *The Novels of Flaubert* (Princeton, Princeton University Press, 1966), p. 149.

30. Jean ROUSSET, « Positions, distances, perspectives dans *Salammbô* », *Poétique*, 6 (1971), p. 145.

31. Dans *Novembre* par exemple le mouvement circulaire de la fumée s'associe avec les thèmes de l'ennui et du vide : « *Il fumait et suivait de l'œil les petites spirales bleues qui sortaient de ses lèvres.* » (I, p. 275a).

32. Voir l'analyse de ce passage par Victor BROMBERT, dans *The Novels of Flaubert*, *op. cit.*, pp. 140sqq.

33. Émile ZOLA, *La Fortune des Rougon* (Paris, Garnier-Flammarion, 1969).

34. Là où une idylle semble se réaliser, dans la longue scène montrant Frédéric avec Rosanette dans la forêt de Fontainebleau, Victor Brombert a mis en évidence les éléments thématiques et stylistiques comportant une mise en question interne de l'idylle : « Lieu de l'idylle et lieu du bouleversement dans *L'Éducation sentimentale* », *Cahiers de l'Association Internationale des Études Françaises*, 23 (1971), pp. 277—84.

35. Cf. Des Esseintes, le héros de *À rebours* de J.K. Huysmans, qui se laisse tomber et s'immobilise dans son fauteuil aux moments culminants de sa crise de stagnation intérieure.

36. Cité dans l'Introduction à *L'Éducation sentimentale* de René DUMESNIL, dans son édition de 1942 (Belles Lettres).

37. Cf. par exemple les descriptions aux pages 66 et 290.

38. Cf. Pierre BERGOUNIOUX, « Flaubert et l'autre », *Communications*, 19 (1972), p. 44.

39. Jacques PROUST, *loc. cit.*, p. 81.

40. Une fois elle est invoquée ou provoquée par Frédéric qui a recours au hasard du jeu pour lui faire prendre une décision à sa place : « *Et une grande hésitation le prit.* [§] *Pour savoir s'il irait chez Mme Arnoux, il jeta par trois fois, dans l'air, des pièces de monnaie. Toutes les fois, le présage fut heureux. Donc, la fatalité l'ordonnait. Il se fit conduire en fiacre rue de Choiseul.* » (*ÉS*,63).

41. Pour une énumération d'autres « coïncidences cruelles » et de « rencontres fortuites » voir Victor BROMBERT, *op. cit.*, pp. 164-5.

42. Voir l'étude de Jacques-Louis DOUCHIN sur *Le Sentiment de l'absurde chez Gustave Flaubert* (Paris, Lettres Modernes, « Archives des lettres modernes », 1970).

43. Victor BROMBERT, *Flaubert par lui-même* (Paris, Seuil, 1971).

44. C'est le titre d'un des articles d'Albert Thibaudet, faisant partie de cette querelle. L'article est recueilli dans les *Réflexions sur la critique*.

45. Hugo Friedrich souligne le même aspect du roman flaubertien. C'est avec une insistance rare sur l'idée du passage incessant et continu qu'il parle de « *das pausenlose, immer neue, vorübertragende Dahinströmen* » dans son étude sur Flaubert (*op. cit.*, p. 146)..

46. Comment définir l'élément narratif pur, si ce n'est par l'opposition à ce qui se situe au-delà des frontières du récit ? Voir l'article sur les « Frontières du récit » de Gérard Genette (*Communication*, 8, 1966, pp. 152—63). Voir aussi les pages que Wayne C. Booth consacre à la différence de *showing* (représentation) et *telling* (narration) dans son livre *The Rhetoric of Fiction* (Chicago and London, The University of Chicago Press, 1961).

47. Victor BROMBERT, *The Novels of Flaubert*, *op. cit.*, pp. 167 et 171, et *Flaubert par lui-même*, p. 58.

48. Victor BROMBERT, *Flaubert par lui-même*, p. 114, et *The Novels of Flaubert*, pp. 168 et 172.

49. Cette fusion sur le plan du style et de la technique narrative ne signifie pas pour autant que l'auteur, en tant que fonction narrative, se situe au même niveau que son personnage. L'analyse de l'ironie nous a permis d'identifier l'auteur implicite comme une conscience dominant les oppositions qui paralysent son héros.

50. Cet examen se limite aux variantes que Édouard Maynial a ajoutées à l'édition « Classiques Garnier ».

51. Harald WEINRICH, *Tempus, Besprochene und erzählte Welt* (Stuttgart, Kohlhammer, [2ᵉ éd.] 1971), pp. 226sqq.

52. Stéphane MALLARMÉ, *Œuvres complètes* (Paris, Gallimard, « Bibl. de la Pléiade », 1970), p. 366.

TABLE

TYPOGRAPHIE DE COMPO SÉLECTION (PARIS)
IMPRIMERIE F. PAILLART (ABBEVILLE) - D. 4916.
Dépôt légal : 4ᵉ trimestre 1980   *Printed in France*